Markus H. Zeitlhofer

TIEFENDIMENSION DES CHRISTLICHEN GLAUBENS

AF210495

Markus H. Zeitlhofer ist engagierter freikirchlicher Christ der seine theologische Laufbahn zunächst als Student der evangelischen, wie der römisch-katholischen Fachtheologie begann. Aufgrund seiner biblisch-theologischen Überzeugung zog er es nach einem Pratikum im freikirchlichen Raum vor, sich gleich im Rahmen eines Gemeindeaufbauprojektes in der Praxis den evangelistischen Herausforderungen unserer Zeit zu stellen und im Vertrauen auf Gott noch vor Beendigung seines landeskirchlichen Theologiestudiums in den vollzeitlichen Dienst zu treten.

Tiefendimension des christlichen Glaubens

@Markus H. Zeitlhofer

Gewidmet allen Jüngern Jesu, besonders meinen Brüdern und Schwestern die mich im Laufe der Jahre im Glauben angeregt, begleitet und zum stetigen Glaubenswachstum ermutigt haben. Möge der Herr hunderte wie euch zu seinen Jüngern erwecken um hundert anderen Menschen eine solche Wegweisung zu geben wie ihr sie für mich gewesen seid.

Bibliographische Information der Deutschen Bibliothek:
Die deutsche Bibliothek verzeichnet diese Publikation in der deutschen
Nationalbbibliografie; detailierte bibliografische Daten sind im Internet
über <http://dnb.ddb.de> abrufbar.

Herstellung und Verlag: Books on Demand GmbH, Norderstedt

ISBN-10: 3-8334-6361-9   ISBN-13: 978-3-8334-6361-7

Die Bibelstellen wurden, soweit nicht anders angegeben, der „Die
Jubiläumsbibel - Elberfelder Bibel mit Erklärungen" entnommen

INHALT

Als Christen sprechen wir oft von Glaube, Liebe, Hoffnung und dergleichen. Aber wissen wir wirklich was genau die Bibel meint, wenn sie vom Glauben spricht? Haben wir die volle Bedeutung dieser Begriffe von ihrem neutestamentlichen Begriffsumfang her erfaßt? Der Volksmund sagt ‚Glauben heißt nix wissen‘, aber das Wort Gottes sagt Glaube hat mit uns und unserem Wesen, unseren Gefühlen, unseren Hoffnungen und unseren Träumen zu tun. In der substantivierten Form des Wortes Glaube, steckt eigentlich das Verb „glauben“. Es geht also im Grunde darum etwas zu tun, es geht um eine bewußte Tätigkeit, die so sehr mit unserem Wesen verschmilzt, daß sie zu einer unserer Eigenschaften wird, die uns vom Rest der Welt unterscheidet. Der Glaube bildet eine unsichtbare Trennlinie zwischen dem ‚Reich der Welt‘ und dem Reich des lebendigen Gottes. Unser Glaube entscheidet, auf wessen Seite wir am Ende stehen werden; auf der Seite des Guten oder des Bösen. Das Zeugnis der Heiligen Schrift lehrt uns daß es so etwas wie einen gewaltigen geistigen Kampf zwischen dem Reich Gottes und dem Reich der Finsternis gibt, und daß Jesus diesen Kampf bereits vor Tausenden von Jahren für die Seite Gottes entschieden hat. Dein Glaube ist die Art und Weise wie du diesen Sieg in deinem Leben erfahren und seine Auswirkungen für dich nutzbar machen kannst. Wenn wir vom Glauben an Gott sprechen, dann meinen wir damit auch, daß wir zu diesem Gott in irgendeiner Form in Beziehung treten möchten. AN etwas oder jemanden glauben heißt auch dieser Person Vertrauen zu schenken. Es geht somit also um unser Vertrauen und unsere Beziehung zu einer konkreten Person: zu Gott. Und es geht um die Art und Weise wie du dein Leben lebst, denn Jesus sagt: ‚Alles ist möglich dem der glaubt.‘ (vgl. Mt.9,23) Um den vollen Segen Gottes in deinem Leben zu erfahren, mußt du dich im Glauben auf diese und andere Verheissungen des Herrn stützen. Dein Glaube entscheidet auch ganz konkret darüber, ob du die Erlösung, die Gott dir anbietet, annimmst und ewiges Leben als Kind Gottes empfangen kannst oder nicht. Es geht also nicht um etwas x-beliebiges, sondern um eine todernste Frage. Grund genug uns näher mit dem Phänomen des Glaubens im Sinne des Wortes Gottes zu befassen.

1.)GLAUBE, LIEBE, HOFFNUNG

„Als ich ein Kind war, redete ich wie ein Kind, dachte wie ein Kind, urteilte wie ein Kind; als ich ein Mann wurde, tat ich weg, was kindlich war. Denn wir sehen jetzt mittels eines Spiegels, undeutlich, dann aber von Angesicht zu Angesicht. Jetzt erkenne ich stückweise, dann aber werde ich erkennen, wie auch ich erkannt worden bin. Nun aber bleibt Glaube, Hoffnung, Liebe, diese drei; die größte aber von diesen ist die Liebe." (1.Korinther 13,11-13)

In unserem Leben machen wir eine rasante Entwicklung durch. Mir scheint der Weg von einem kleinen Embryo, der menschlichen Urform im Leibe der Mutter hin zu einem ausgewachsenen Zwanzigjährigen ist ein Wunder für sich. Wenn ich mir all die verschiedenen Ausprägungen des menschlichen Lebens ansehe, komme ich auf den Gedanken, daß das alles kein Zufall sein kann. Die physische und psychische Entwicklung die der Mensch durchlebt, bringt neben der Ausdifferenzierung in ein spezifisches Individuum, dennoch eine große Zahl an Ähnlichkeiten zwischen verschiedenen Menschen hervor. Jeder Mensch verfügt dabei aber nichtsdestoweniger über seinen eigenen Fingerabdruck, seinen eigenen Herzschlag und – soweit wir wissen – seinen eigenen genetischen Code. Neben all diesen Einzigartigkeiten existieren dennoch verschiedene Untergruppierungen, mit deren Hilfe versucht wird einzelne Merkmale des Menschen zueinander in Beziehung zu setzen. So lassen sich etwa auf der materiellen Ebene die Menschen in bestimmte Blutgruppen mit je eigenen Untergruppen (dem sog. Rhesusfaktor), sowie in größere Zusammenschlüsse verschiedener anderer physiologischer Merkmale (Körperbau, Hautfarbe, Größe, Alter, Geschlecht, etc.) ‚einteilen'. Darüber hinaus neigen die Meisten von uns auch dazu Menschen aufgrund ihres Verhaltens unbewußterweise in verschiedene 'Beziehungsfähigkeitsklassen' einzuteilen. Mithilfe dieser unbewußten Kategorisierung unserer Umwelt entscheiden wir dann darüber ob wir ein bestimmtes Individuum näher kennen lernen möchten oder uns von diesem eher abgestoßen fühlen. Es scheint fast so als ob wir instinktiv darüber entscheiden, wen wir mit unserer Anwesenheit beehren und von wem wir uns lieber fernhalten möchten. Ein ähnlicher Mechanismus existiert auch auf der geistlichen Ebene. Wir müssen keine Angst davor haben, daß uns jemand gegen unseren Willen zu einer spezifischen Ideologie 'bekehren' könnte. Jeder Mensch verfügt über eine Art geistigen Filter mit dessen Hilfe er darüber entscheidet was das betreffende Individuum glauben und für wahr erachten möchte und was nicht.

Unser Glaube basiert zunächst einmal auf einer bewußten Willensentscheidung für oder gegen einen bestimmten Glaubensinhalt. Gott selbst hat uns eine Art geistiges Instrumentarium mitgegeben, das dazu geeignet ist uns vor irrigen Fehleinschätzungen der Wirklichkeit zu bewahren, soferne wir in unserem Denken von den zutreffenden Prämissen (d.h.: der Wirklichkeit weitestgehend entsprechenden Grundvoraussetzungen) ausgehen.

Die Bibel lehrt, daß alles was auf dieser Erde und in all dieser einzigartigen Komplexität existiert, einmal von einem liebenden Schöpfer, dem allmächtigen Gott, zu dessen vollster Zufriedenheit erschaffen worden ist. Diese Phase der vorläufigen Vollkommenheit der Schöpfung bezeichnen wir als die ‚Schöpfung im Urstand'. In ihr gab es kein Leid, keine Krankheit und keinen Tod, weil Gott selbst durch sein vollkommenes Wesen für ein vollkomenes Umfeld für den Menschen gesorgt hatte. Dann jedoch geschah das größte Drama, die schlimmste Tragödie der Geschichte der Menschheit. Eine finstere Macht konnte die Beziehung zwischen Mensch und Gott zerstören, was dazu führte, daß der Mensch sterblich geworden und sein ganzes Wesen von einer Eigenschaft namens ‚Sünde' verderbt worden ist. Durch diese fundamentale Trennung zwischen Gott und Mensch wurde, dem biblischen Bericht zufolge, die gesamte Schöpfung in Mitleidenschaft gezogen. Alles was lebendig wurde, war fortan dem Tod, dem Leid und der Krankheit ausgesetzt. Alles was Gott im Urstand so wundervoll und vollkommen erschaffen hatte, wurde dazu ‚verdammt' nicht länger ein Schauplatz von Freude und Wonne zu sein, sondern den finsteren Todesschatten zu beherbergen. Trotz allem besteht dank dem stellvertretenden Sühneopfer Jesu am Kreuz, für jeden Menschen die Möglichkeit in die Beziehung mit Gott zurückzukehren und das Geschenk des ewigen Lebens, zu dem wir ursprünglich erschaffen waren, zu empfangen. Die ganze heilsgeschichtliche Überlieferung der heiligen Schrift ist aufgespannt zwischen den beiden Extrempunkten der

Schöpfung: dem ersten vollkommenen Schöpfungshandeln Gottes am Anfang und der vollendeten Neuschöpfung am Ende unserer Zeit. Durch den heiligen Vorhang von Jesu Blut haben wir, auch in unserer dem Tod unterworfenen Zeitspanne, die Möglichkeit erneut in die vollendet Schöpfung, wie sie eigentlich sein sollte, zu gelangen und in der ewigen, liebevollen und herrlichen Gemeinschaft mit Gott zu leben. Hierbei gilt die Verheißung Jesu, daß er mit uns sein würde bis ans Ende des Zeitalters (vgl. Mt. 28,18-20) und sein Volk auf übernatürliche Weise mit dem Heiligen Geist ausrüsten würde (vgl Joh. 16,7-11). Durch den Empfang des Heiligen Geistes eröffnet sich jedem Menschen der sich bewusst dem Wirken Gottes öffnet, eine völlig neue Qualität der Gotteserfahrung. Eben in dieser von Jesus durch den Heiligen Geist gewirkten Gotteserfahrung erleben wir bereits in unserem Leben auf dieser Erde und in dieser Zeit, wie das neue, vollendete Reich Gottes in unserem Leben mehr und mehr Gestalt gewinnt. Inmitten unseres unvollkommenen Lebens können wir in der Gewissheit des Glaubens erfahren, wie die übernatürliche Kraft Gottes in uns und durch uns wirksam wird. Der Mensch wird in der, durch den Glauben an Jesus Christus, wiederhergestellten Beziehung mit Gott wieder zu seinem ursprünglichen Menschsein befähigt, wie es eigentlich von Anfang an hätte sein können.

Der Mensch im Urstand wurde, gemäß den biblischen Berichten, nach dem Bilde Gottes als höchste Form des irdischen Lebens erschaffen. Aufgrund dessen existieren auch heute noch wahrnehmbare natürliche Ähnlichkeiten zwischen dem Wesen Gottes und dem ursprünglichen Wesen des Menschen. Hast du dir schon einmal überlegt, daß Gott uns durch unsere Fähigkeit zur biologischen Fortpflanzung direkt in sein Schöpfungshandeln hineinnimmt? Der Mensch trägt nicht nur die biologische Fähigkeit zur Fortpflanzung in sich, sondern auch den Willen Gottes zur Kreativität (d.h.: zu eigenschöpferischem Handeln). Der Mensch möchte in seiner ursprünglichen Rolle als gottesähnliches Wesen den Auftrag Gottes sich die Erde untertan zu machen, sie also auch zu gestalten und frei über ihre Ressourcen zu verfügen, erfüllen. Zudem liegt dem menschlichen Handeln und Streben auch ein Drang nach der heilsgeschichtlichen Historie zugrunde. Hast du dir schon einmal vergegenwärtigt, daß hinter jedem der amüsant klingenden

Namen in den biblischen Genealogien (d.h.: Abstammungslinien) das gesamte Leben eines Menschen steckt oder das einige von ihnen – wie etwa Jabez – durch ein einziges Gebet ihr ganzes Leben in einem Maße verändert haben, daß dieses Gebet selbst Tausende von Jahren nach ihren Lebzeiten noch überliefert wird? (vgl. 1.Chr. 4,10) Doch das Neue Testament offenbart uns das Heilshandeln Gottes weit darüber hinaus. Der Mensch war nie dazu bestimmt teilnahmslos neben dem Handeln Gottes zu stehen, sondern sollte gemeinsam mit Gott Heilsgeschichte schreiben! Darum wurde Gott in Jesus Christus wahrer Mensch, damit er, indem er uns gleich wurde, unsere Schuld am Kreuz tragen konnte, um uns so durch den Glauben an ihn, die für immer dauernde Befreiung von den geistigen Folgen unseres sündhaften Handelns, ja, unserer verderbten Natur anbieten zu können.

Der Name Jesus, im übrigen die latinisierte Ableitung der griechischen Form des Hebräischen ‚Jehoschua', bedeutet ‚Gott rettet'. Und hierin besteht die Kernaussage des Evangeliums. Gott rettet! Er ist kein ferner Gott, keine unpersönliche Macht, sondern eine konkrete Person die immer wieder in unserem Leben helfend eingreifen möchte. Ob wir uns von ihm wirklich helfen lassen, liegt aber im Bereich unserer persönlichen Entscheidung. Gott möchte uns ewiges Leben schenken, uns heilen, uns zu Erben des Himmelreiches machen, uns verschiedene Geistesgaben schenken und uns dabei helfen ein siegreiches Leben zu führen. All das können wir entweder im Glauben annehmen oder durch Unglauben ablehnen. In gewisser Hinsicht stehen auch wir, so wie Paulus in dem oben zitierten Vers aus dem ersten Korintherbrief vor einer Art Spiegel der Antike, einer schimmernd polierten Metallscheibe die nur ein extrem undeutliches Bild wiedergibt. Wir erkennen daß da etwas ist, wir erahnen daß es außerhalb der für uns sichtbaren Welt noch eine unsichtbare, geistige Realität geben muß, sehen aber keine Details. Das ist normal und natürlich, denn mit unserem unvollkommenen Wesen können wir Gott nicht wirklich verstehen. Um uns dennoch seinen Willen klar mitzuteilen, schrieb Gott immer wieder mit und durch Menschen seine Geschichte mit den Menschen auf und schilderte uns das Ziel, das er für uns alle im Sinn hat: ein vollkommenes, glückliches, ewiges Leben. Er sorgte auch dafür, daß wir uns über die von ihm angewandte Methode wie wir dieses ewige Leben bekommen, anhand der biblischen Überlieferung informieren können. Diese Methode ist, einfach gesagt, unser Glaube an - und unser Vertrauen zu - Gott.

Wie wir unter anderem aus dem Eingangs zitierten Vers aus dem ersten Korintherbrief erkennen können, verläuft auch unser geistliches Leben, ähnlich wie unser biologisches Leben in verschiedenen Altersstufen. Wir sind zuerst unreif im Glauben, bis wir einen individuellen, je und je verschiedenen und daher einzigartigen Entwicklungsprozeß des Lernens und der Erfahrung durchlaufen haben, in dem wir Gott immer besser kennen lernen. Deshalb vergleicht der Apostel Paulus diesen Entwicklungsprozeß, wie wir oben gesehen haben, mit dem Wandel des menschlichen Lebens von Kindesbeinen an bis zu der Zeit an der wir unsere volle körperliche Reife erlangen. Er gibt uns an dieser Stelle auch die prophetische Voraussicht, das wir eines Tages Gott wirklich von Angesicht zu Angesicht gegenüberstehen werden. Was für eine Verheißung! Wir werden dem mächtigsten Lebewesen, dem Schöpfer von Himmel und Erde, der gewaltigsten Urkraft direkt ins Auge sehen. Im Grunde leben wir nur für diesen Moment. Und es ist ein gutes Gefühl zu wissen, daß dieser lebendige und wahrhaftige Gott es gut mit uns meint.

Paulus schrieb, daß uns vorläufig aber erst einmal die drei Größen: Glaube, Liebe und Hoffnung, die, wie wir später noch sehen werden, zueinander in einer interessanten Beziehung stehen, bleiben würden. Vorläufig genügt es, wenn wir uns vergegenwärtigen, daß der christliche Glaube auf diesen drei Säulen ruht. Wir haben den Glauben an Gott, durch den wir mit Gott in Beziehung treten können, so daß wir sein Wirken in unserem eigenen Leben und unserem inneren Wesen konkret erleben dürfen. Dieser Glaube gibt uns unter anderem die Hoffnung, daß wir dereinst im Reich Gottes stehen und ewiges Leben haben werden. Doch die Finsternis wird in all ihrer dämonischen Macht immer wieder versuchen uns von diesem Ziel abzubringen, oder uns gewaltige Probleme und Schwierigkeiten bereiten wollen. Da wir um diesen geistlichen Kampf, der um uns herum tobt, wissen, sollten wir nicht den Fehler begehen uns von Depressionen und den Anschuldigungen der Finsternis (wie etwa Selbstzweifel oder Unversöhntheit) des Segens Gottes berauben zu lassen. Wir werden immer wieder schwierige Zeiten durchleben und manchmal nicht ein, noch aus wissen. Aber was wäre, wenn wir ein klareres Bild von unserem Heil, dem Wirken Gottes in uns erlangen könnten, indem wir den Schritt vom Lesen der Heiligen Schrift zum Glauben an ihre Lehre wagen würden? Natürlich werden wir dadurch in der Regel noch nicht zum unmittelbaren ‚Schauen‘ von Gottes Herrlichkeit kommen, sondern zunächst einmal zu einer höheren Form der Hoffnung gelangen. Hoffnung ist in diesem Sinne aber mehr als ein bloßes Erahnen von Dingen die ‚möglicherweise‘ einmal geschehen werden. Hoffnung ist eine Kraft, die sich, wenn sie sich auf Gottes Wort stützt, nicht mit dem allein ‚möglichen‘ zufrieden gibt. Hoffnung erwartet das Unerwartete, sie rechnet mit dem Eintreffen des Unwahrscheinlichen und wundert sich nicht, wenn plötzlich schier unglaubliche Dinge rund um sie herum geschehen. Hoffnung ist eine Triebfeder, die uns zu wahrhaft großen Taten im Sinne der neutestamentlichen Überlieferung anspornt und uns dazu motiviert, den großen Gestalten der Geschichte der Gemeinde Jesu nachzueifern. All das aber findet seinen vorläufigen Höhepunkt in unserer Liebe zu Gott und zu unseren Mitmenschen. Der christliche Glaube basiert zu einem großen Teil auf den drei Größen Glaube, Liebe und Hoffnung, von denen Paulus schrieb daß die Liebe die Größte von diesen Eigenschaften ist (vgl. 1.Korinther 13,13). Warum ist das so? Nun, ich denke die Liebe ist deshalb die Größte unter diesen drei Eigenschaften, weil Gott selbst Liebe ist. Wenn wir diese Liebe in unserem Leben wachsen und sich in unserem Geist verwirklichen lassen, gleichen wir uns dem Willen und den Gefühlen Gottes für uns an, wir werden jener vollkommenen Schöpfung ähnlich, die Gott ursprünglich im Sinn gehabt hat. Zudem kommen wir erst durch die Liebe Gottes zum Glauben an Jesus und entdecken durch die Führung des Heiligen Geistes immer mehr von Gott und seinem Willen. Eine weitere wichtige Eigenschaft der Liebe ist, daß diese bis ins Reich Gottes hinein nicht vergehen wird. Im Unterschied zu den meisten anderen geistlichen Größen unserer Tage, verfügt die Liebe über eine Form der Unendlichkeitsdimension. Sie wird im Reich Gottes genauso bestehen wie in unserer jetzigen Welt. Sie bildet – im wahrsten Sinne des Wortes – Anfang und Ende unseres Glaubens. Sie wird bestehen bleiben, weit über den gegenwärtigen Zeitlauf hinaus.

Glaube und Hoffnung hingegen werden wir, so wunderbar sie an sich sind, im Reich Gottes nicht mehr benötigen. Sie werden dort ihren Zweck erfüllt haben und verschwunden sein. Wenn wir direkt vor Gott stehen und in seinem Reich leben, brauchen wir ja in dem Sinne keinen Glauben mehr, weil wir Gott dann wirklich sehen werden, so wie wir heute andere Menschen wirklich sehen. Auch unsere Hoffnung wird dann erfüllt sein, sodas wir in diesem Sinne auch von der Hoffnung zum Schauen übergegangen sein werden. Wir werden Gottes unmittelbare Gegenwart erleben, ihn anbeten und in der Gewißheit leben, am Ziel angekommen zu sein. Wir werden in der absoluten Gewissheit leben, daß es diese Zeit der Gegenwart Gottes ist, für die sich all unser Mühen und unsere Nöte gelohnt haben. Wir werden dann nicht mehr nach dem Sinn des Lebens suchen, wir werden ihn vielmehr gefunden haben. Wo könnte sich der Sinn unseres Lebens besser erleben lassen, als in unserem Ursprung, dem Anfang und dem Ziel unseres Lebens? Wer könnte uns den Sinn unseres Lebens besser offenbaren, als der, der uns und alle unserer Art erschaffen hat? Der Sinn des Lebens, der Grund unseres Seins, ist niemand anders als Jesus Christus. In ihm und durch ihn und zu ihm hin sind alle Dinge erschaffen. So ist er es auch, der all unsere Bedürfnisse durch die heilspendende Kraft seiner göttlichen Liebe erfüllen kann. Er ist das Ziel unseres Lebens. Kommen wir aber vorläufig einmal zu der Liebe, als einer Eigenschaft die uns Gott ähnlich werden läßt, und unser Fragen nach ihm begründet, zurück.

Der Apostel Johannes, einer der engsten Vertrauten Jesu schreibt dazu: „Geliebte, laßt uns einander lieben! Denn die Liebe ist aus Gott; und jeder, der liebt, ist aus Gott geboren und erkennt Gott. Wer nicht liebt, hat Gott nicht erkannt, denn Gott ist Liebe. Hierin ist die Liebe Gottes zu uns geoffenbart worden, daß Gott seinen eingeborenen Sohn in die Welt gesandt hat, damit wir durch ihn leben möchten. Hierin ist die Liebe: nicht daß wir Gott geliebt haben, sondern daß er uns geliebt und seinen Sohn gesandt hat als eine Sühnung für unsere Sünden. Geliebte, wenn Gott uns so geliebt hat, sind auch wir schuldig einander zu lieben." (1.Johannes 4,7-11)

Gott hat seinen Sohn, Jesus Christus, in die Welt gesandt weil er uns geliebt hat. Weil er uns geliebt hat, hat Jesus den Tod am Kreuz auf sich genommen, damit wir ewiges Leben haben können. Im Alten Testament hat Gott den Menschen das Gesetz gegeben um uns zu zeigen, wie wir ein gelungenes Leben nach dem Willen Gottes führen können. Da wir Menschen aber Sünder, und somit prinzipiell unvollkommen, sind, konnten wir sein Gesetz nicht erfüllen. Gott der das wußte, hat bereits im vorhinein den Plan gefaßt durch seine eigene Menschwerdung in Jesus eine Brücke zu bauen, durch die wir Menschen trotz unserer Unfähigkeit vollkommen zu leben zu Gott kommen dürfen. Er war der Einzige der etwas an unserer Situation ändern konnte, und er hat es getan. Wie wir anhand der neutestamentlichen Überlieferung erkennen können, existiert so etwas wie ein zweifacher Gebrauch des von Gott geoffenbarten Gesetzes. Zum einen dient das Gesetz dazu das Zusammenleben von Gottes Volk zu ordnen, zu legitimieren und diesem Volk eine übernatürliche Rechtssicherheit zu geben. In seinem ersten, von der Theologie als *primus usus legis*' bezeichneten Gebrauch, dient das Gesetz also dazu das zu sein was es seinem Namen nach ist: ein Gesetz, das der Rechtssprechung in einem bestimmten Volk dient. In seinem zweiten, von der Theologie als *secundus usus legis*' bezeichneten Gebrauch, dient das Gesetz aber auch dazu unsere menschliche Unvollkommenheit aufzudecken und in uns das Bewusstsein für die Notwendigkeit der Vergebung der Sünden zu wecken. Das Gesetz offenbart uns, durch seine vollendete Gerechtigkeit, unsere eigene Ungerechtigkeit. Wenn wir uns dessen hohe ethische Forderungen und die drastischen Konsequenzen, die eine Übertretung des Gesetzes nach sich ziehen kann, aber auch die ausgeklügelten Sühnemöglichkeiten um mit Gott wieder ins Reine zu kommen, ansehen, erkennen wir uns und unser sündiges Wesen selbst.

Gottes Liebe zu uns äußert sich immer in konkreten Taten, die uns seinen Willen aufzeigen sollen. Die Liebe Gottes zu uns offenbarte sich, wie Johannes in 1.Johannes 4,7-11 schreibt, im Laufe der Geschichte in 2 konkreten Ereignissen. Zum einen wurde Gott selbst Mensch in Jesus Christus, der schließlich freiwillig für uns am Kreuz gestorben ist, um die Strafe, die nach dem Gesetz Gottes eigentlich uns zustehen würde, auf sich zu nehmen. Das bedeutet, Jesus, der schon vor der Erschaffung der Welt existierte und zu jener Zeit mit der himmlischen Herrlichkeit gekleidet war, hat seine himmlische und vollkommene Umgebung verlassen um in einem schlichten Viehstall als Mensch geboren zu werden, und schließlich für ein Verbrechen das er nicht begangen hatte einen qualvollen, schmerzerfüllten Tod zu sterben; für dein Verbrechen.... Zum Anderen, hat Gott bereits vor der Menschwerdung Jesu eine 100%ige Entscheidung für uns getroffen. Es wäre für Gott ein leichtes gewesen die gesamte Menschheit mit einem Schlag hinwegzufegen und etwas völlig anderes zu erschaffen. Dennoch hat Gott sich aus Liebe zu uns dazu entschieden uns nachzugehen und der Menschheit immer und immer wieder die Chance zu geben, in die ursprüngliche Fülle des Lebens mit Gott zurückzukehren.

Doch Gottes Liebe zu uns ist noch größer, als es für uns zunächst den Anschein hat. Gott selbst hat nicht einfach einen Abgesandten mit einem spezifischen Auftrag auf die Erde gesandt, sondern er wollte uns gleich werden und direkte Gemeinschaft mit uns haben. Es ist wesentlich für uns zu verstehen, warum Christus Gott selbst ist, wo wir doch in dem Vers aus 1.Johannes 4 gesehen haben, daß Gott seinen Sohn, also offenbar eine andere Person, gesandt hat. Im Evangelium nach Johannes Kapitel 10 Vers 30 lehrt Jesus die Jünger: „Ich und der Vater sind eins." Von Zeugen Jehovas, Unitariern und anderen Antitrinitariern wird gerne die Behauptung vorgebracht hier ginge es um die Taten die Jesus getan habe, nicht so sehr um sein göttliches Wesen. Doch Jesus verwies die Jünger nicht auf seine Handlungen, sondern auf sein Wesen. Weil Jesu Wesen ident ist mit dem Wesen Gottes, sieht jeder, der den Sohn Gottes sieht, auch Gott den Vater. Das ist der entscheidende Punkt der Triniätslehre; der Sohn, der Vater und der Heilige Geist sind drei verschiedene Personen (und verfügen daher in einer Art innertrinitarischem Beziehungsgeflecht über eigene Vollmachten), aber ein Wesen, weshalb ihnen dieselben Eigenschaften zukommen. Jesus ist ebenso gerecht wie der Vater, weil seine Gerechtigkeit die Gerechtigkeit seines Vaters ist. So paradox es klingen mag, Jesus wollte nichts anderes als sein Vater tun, weil sein Wille mit dem Willen seines Vaters ident war.

Ein weiterer Einwand der gegen die Trinitätslehre an dieser Stelle gerne vorgebracht wird, ist die Behauptung Jesus würde in der oben zitierten

Bibelstelle davon sprechen, daß er lediglich einer Meinung mit dem Vater sei, da dies die umgangssprachliche Bedeutung des ,eins mit jemandem seins' sein würde. Doch lassen wir uns nicht verwirren. Kein Mensch der klaren Verstandes ist, kann von sich behaupten eins mit jemand anderem zu sein, so wie Jesus mit dem Vater eins gewesen ist. Oder ist ihr Wille plötzlich mein Wille? Wollen Sie genau dasselbe wie ich? Das würde meine Arbeit als Prediger und Autor zwar unglaublich erleichtern, es ist schlechterdings aber einfach nicht so! Jeder Mensch hat seinen eigenen freien Willen und tut die Dinge von denen er in irgendeiner Form überzeugt ist. Und weil unser Wille aus unserem unvollkommenen Wesen folgt, ist unser Wille eben auch unterschiedlich zu dem Willen Gottes. Im Falle von Jesus war dies, da er ja wahrer Gott und wahrer Mensch in einem war, völlig anders. Sehen wir uns eine weitere Belegstelle für die Wesenseinigkeit Jesu mit dem Vater an. In Johannes 10,28-29 spricht Jesus davon, daß niemand seine Schafe aus seiner Hand und aus seines Vaters Hand rauben kann. Christus spricht hier nicht davon, daß die ,Schafe' die ihm folgen sozusagen doppelt umgeben sind, oder daß der Vater sie neben dem Sohn in seiner Hand halten würde. Nein, seine Rede ist ein bildhaftes Gleichnis um uns die Wesenseinigkeit Jesu mit dem Vater zu verdeutlichen. Frei wiedergegeben lehrt Jesus uns hier: „Zwischen meiner Hand und meines Vaters Hand ist kein Unterschied. Wir sind eins. Wen mein Vater hält, den halte ich und wen ich halte, den hält mein Vater." Wir werden auf diese bedeutsame biblische Lehre an späterer Stelle noch einmal zurückkommen. An dieser Stelle reicht es völlig aus, das wir das Grundprinzip welches der Trinitätslehre zugrunde liegt nachvollziehen können. Trinität bedeutet, daß drei eigenständige Personen dennoch ein und dasselbe Wesen verkörpern. Wenn wir uns Jesu Handlungen ansehen, erkennen wir die Liebe des Vaters zu uns. Was tat Jesus also, als er unter uns Menschen in seiner irdischen Gestalt lebte?

Die Zeit der irdischen Gemeinschaft mit den Menschen hat Jesus dazu genutzt Kranke zu heilen, Verbrecher und Sünder zur Umkehr zu rufen, und uns die grundlegenden Prinzipien von Gottes Reich zu erklären. Schließlich starb Jesus für uns am Kreuz. Er hat so die Strafe die uns für unsere Vergehen nach dem Gesetz Gottes eigentlich gebühren würde – die Todesstrafe - auf sich genommen, damit wir sie nicht mehr erleiden müssen. Das ist eine Liebe, die unser Denken beinahe sprengt. Im Laufe der gesamten Menschheitsgeschichte ist ein solcher Liebesbeweis einzigartig. Viele hingegebene Gefolgsleute politischer Führungspersönlichkeiten würden wohl verzweifeln an der Frage, ob ihr Anführer genauso für sie zu sterben bereit wäre wie die Gefolgsleute ihrerseits für ihn. Gott hat uns in Jesus Christus ein für allemal bewiesen, daß er mehr als bereit war für uns zu sterben, damit wir durch ihn leben dürfen. Doch die Geschichte des irdischen Wirkens Jesu war mit seinem Tod am Kreuz noch nicht zu Ende. Damit die Jünger, und durch ihr Zeugnis auch wir, wissen dürfen daß das Leben nach dem Tode nicht einfach beendet ist, ist Jesus auferstanden. Nicht alleine deshalb, sondern auch um zu offenbaren, daß das Böse niemals einfach so die Oberhand behalten kann. Die Auferstehung Jesu bezeugt uns drei Dinge: a) Jesus war nicht einfach ein gewöhnlicher Mensch, sondern der lebendige Gott. Oder kennen sie eine andere Person welche die Macht hatte den Tod selbst zu bezwingen? Ich jedenfalls nicht. b) Der Tod ist nicht das Ende. Nach diesem für uns traumatischen Erlebnis geht es weiter weil wir, so wie Jesus, durch den Willen und das Wort Gottes auferstehen werden. c) Gott hat das Böse ein für allemal besiegt und bietet uns die Möglichkeit an von jedem Anspruch des Bösen auf uns und unser Leben frei zu werden. Die Auferstehung Jesu war also auch die prophetische Vorankündigung des endgültigen Sieges Gottes über das Leid und den Tod, den Triumph des gerechten Gottes über alle Ungerechtigkeit, wie er in Gottes Reich zur vollen Blüte gelangen wird.

Indem wir auf Jesu Bereitschaft für uns zu sterben blicken, erkennen wir die unerhörte und heilige Größe der Liebe Gottes zu uns. In der Kultur der Samurai gehörte es zu den Pflichten eines Gefolgsmannes für seinen Herrn zu sterben. In Gottes Plan für uns, war es aber genau umgekehrt. Wo bei den Samurai der Gefolgsmann für seinen Herrn sterben mußte, starb Jesus als Herr für alle die ihm nachzufolgen bereit sind. Jesus sagte ja, wie oben bereits erwähnt, daß jeder der ihn sieht auch den Vater sieht. Und lassen Sie es mich noch einmal sagen: Wir erkennen aus den Taten Jesu den Charakter Gottes, weil der Charakter Gottes und der Charakter Jesu der Charakter ein und desselben Wesens sind. Da Gott ewig derselbe ist, können wir, indem wir uns auf die von Jesus in der Vergangenheit erwirkten Segnungen stützen, die Erfahrung des Empfanges dieser Gaben Gottes in der Gegenwart erleben. Wir können jeder berohlichen Situation und allen negativen Umständen, durch die in uns geschehende Vergegenwärtigung des von Jesus errungenen Sieges, trotzen und uns diesen äußeren Umständen gegenüber im Sieg befinden. Die einzige Vorbedingung die wir hierfür erfüllen müssen, ist, daß wir diesen Sieg Jesu im Glauben annehmen und die uns so geschenkten Vorteile auf diese Art in unserem Leben nutzbar machen.

Aus den drei Grundfesten des christlichen Glaubens (Glaube, Hoffnung und Liebe) erwächst, wie wir nun erkennen können, eine Reihe von Sekundärfunktionen für das menschliche Leben, mit denen wir uns im weiteren Verlauf der vorliegenden Arbeit näher befassen möchten und die wir daher im folgenden erst einmal beiläufig, wie im flüchtigen Darübereilen, skizzieren. Wir legen nun sozusagen das Fundament auf dem wir unser geistiges Gebäude später errichten können, indem wir uns die zu behandelnden Themen erst einmal überblicksmässig vergegenwärtigen und sie anschließend in einem zweiten Schritt näher beleuchten. Wir zeichnen sozusagen erst einmal eine grobe Skizze, bis wir das entstehende Bild in seinen Details ausgestalten.

Welche Sekundärfunktionen erwachsen uns aus den drei Säulen des christlichen Glaubens? Welche Segnungen entstehen aus dem Glauben, der Hoffnung und der Liebe? Und was bedeutet das für unser Leben? Mit der Beantwortung dieser Fragen, wollen wir uns nun, im weiteren Verlauf dieses Abschnittes, befassen.

Der Glaube bewirkt in uns innere Stärke und Gelassenheit, so daß wir auch in scheinbar ausweglosen Situationen nicht einfach aufgeben müssen, sondern im Vertrauen auf Gott im Sieg Jesu leben dürfen. Ein gutes Beispiel dafür sind die Ereignisse rund um die Steinigung des Stephanus. Stephanus war ein Diakon in der Urgemeinde, der die Aufgabe hatte an den Tischen der Menschen zu dienen, damit die Apostel sich ganz auf die Lehre der anwesenden Menschenmenge (zu dieser Zeit etwa 5112 Personen) konzentrieren konnten. Dieser treue Mann Gottes wurde später von einer aufgebrachten Menschenmenge dazu genötigt seinen Glauben an Jesus aufzugeben, indem der Sanhedrin (der Hohe Rat der Juden) falsche Zeugen gegen ihn aufstellte, welche in einem völligen Unverständnis des Evangeliums irrigerweise behaupteten Stephanus hätte den Tempel und der Heiligen Schrift gelästert. Als Stephanus diese Behauptungen in seiner theologisch gut begründeten und offenkundig durch den Heiligen Geist eingegebenen Verteidigungsrede widerlegte und tapfer von Gottes Liebe und der Vollmacht Jesu Zeugnis gab, begann der Hohe Rat Israels mit den Zähnen gegen ihn zu knirschen und Stephanus zu steinigen.

Die angesehendsten religiösen Führungspersönlichkeiten seiner Zeit begegneten dem von Gottes Geist gesalbten Diakon also in Gestalt einer tobenden, geifernden und kreischenden wilden Horde. An und für sich war es eine bedrohliche Situation in der Stephanus sich befunden hatte, die ihn auch sein menschliches Leben kosten würde, doch dieser Mann Gottes verlor auch Angesichts der Bedrohung für sein eigenes Leben nicht die Hoffnung. Schließlich sah er in einer prophetischen Vision kurz vor seinem Tod die Tore des Himmels offen und den Sohn des Menschen (die neutestamentliche Selbstbezeichnung Jesu) zur Rechten des Thrones Gottes stehen. Manche Bibelausleger vermuten aufgrund der Tatsache, daß Stephanus während er gesteinigt wurde mehr daran gelegen war seine Vision zu schildern und zu beten als sich vor Schmerzen zu winden, daß er von Gott die Gnade empfangen hat, die ihm zugefügten Schmerzen gar nicht mehr zu fühlen. Ihrer Ansicht nach war Stephanus zu diesem Zeitpunkt so erfüllt mit Heiligem Geist, daß er bereits in die übernatürliche Welt Gottes eingetaucht war. Weiters herrscht gegenwärtig eine weitgehende Unklarheit darüber, warum Stephanus Jesus neben dem Thron Gottes stehen, und nicht auf dem Thron sitzen gesehen hatte, wie es dem biblischen Bericht rund um die Ereignisse bei der Himmelfahrt Jesu eher entsprechen würde. Die Erklärung die mir persönlich am meisten zusagt ist jene, die davon ausgeht, daß Jesus sich in diesem Moment zu Stephanus bekannt und auf dessen Ankunft im Reich Gottes gewartet hat. Auf jeden Fall steht unabhängig unserer Auslegung fest, daß Stephanus auch in dieser Extremsituation im Sieg Jesu leben durfte, ohne seinen Glauben, seine Liebe oder seine Hoffnung zu verlieren.

Eines der Anbetungslieder die ich am Meisten schätze, bringt es im Blick auf unsere Hoffnung, die wir auch in ausweglos scheinenden Situationen nicht verlieren können, genau auf den Punkt. Dort heißt es sinngemäß: „Warum sollte ich mein wackeres Herz verlieren, wenn du doch die Himmel erschaffen hast? Wovor sollte ich mich fürchten, da du doch den Sternen ihren Platz zugewiesen hast!" (aus dem englischen: „Why should I loose heart, when you made the heavens. Why should I be afraid, when you put the stars to place?") Und warum sollten wir uns Furcht oder Depression hingeben, wenn uns doch, wie Paulus einmal geschrieben hat, nichts von der Liebe Gottes trennen kann?

Eine weitere Sekundärfunktion von Glaube, Liebe und Hoffnung ist meines Erachtens der Trost. Egal was uns in diesem Leben alles widerfährt, wir dürfen durch den Glauben an Jesus in der Realität des Trostes leben. Wenn wir krank sind, ist es ein Trost für uns zu wissen, daß Gott uns heilen wird und unser Arzt sein möchte. Wenn ein Mensch zu dem wir in Beziehung gestanden sind verstorben ist, ist es ein Trost für uns zu wissen, daß Gott die Macht hat ihn aufzuerwecken. Wenn wir unser ganzes Geld verlieren, ist es ein Trost für uns zu wissen, daß wir uns keine Sorgen um unser Wohlergehen machen müssen, weil Gott der Herr für alle die auf seiner Seite stehen sorgen wird. All das erkennen wir aber erst durch den Glauben an Jesus, durch den wir diese guten Gaben Gottes annehmen können, schon bevor wir in die eigentlich gefährliche oder bedrückende Situation kommen.

Ein gutes Beispiel für diese erbauende Funktion des biblischen Glaubens ist Hiob aus dem Alten Testament. Obwohl er alles verloren hatte, was ihm wertvoll und teuer war hatte er dennoch die Hoffnung, daß Gott ihn wiederherstellen konnte, was Gott schließlich auch getan hat. Die Hoffnung Hiobs war also kein leeres Phantasiegebilde das ihn enttäuscht hätte, sondern eine lebendige, auf Gottes Wort basierende Realität, die schließlich erfüllt worden ist. Ich persönlich glaube, daß Gott uns durch Hiob lehren wollte, daß egal was passiert und wie groß das Dilemma in dem wir stecken auch aussehen mag, Gott unsere Hoffnung niemals enttäuschen wird. Mitunter sieht seine Lösung für das Problem anders aus als wir erwarten würden, aber wir dürfen darauf vertrauen, daß sie die in unserer Situation letztlich Beste aller Möglichkeiten ist. Zudem schenken uns Glaube, Liebe und Hoffnung auch in schwierigen Zeiten die Kraft durchzuhalten und die Ausdauer nicht aufzugeben. Ein Beispiel dafür ist der Apostel Paulus. Obwohl Saulus von Tarsus zunächst ein Feind der Christen gewesen ist, der als junger Mann die Gewänder der den Stephanus steinigenden Menge bewacht hatte, erschien ihm der lebendige und verherrlichte Jesus auf dem Weg nach Damaskus, wo Saulus eigentlich erhofft hatte einige der Christen verfolgen und gefangen setzen zu können. Doch durch seine Begegnung mit dem verherrlichten Jesus änderte sich die gesamte Situation drastisch. Nach dieser Begegnung war Saulus drei Tage lang blind, verbrachte diese Zeit aber mit Beten und Fasten. Schließlich sandte Jesus einen Jünger Namens Hananias zu dem erblindeten Saulus, damit dieser ihm die Hände auflegte, sodaß Paulus geheilt werden konnte. Der wieder sehend gewordene Saulus lies sich sogleich taufen und begann damit das Evangelium von Jesus zu verkünden. Aus Saulus von Tarsus, der ein erklärter Feind der Christen gewesen ist, wurde so auf übernatürliche Art und Weise der Apostel Paulus, durch den viele Menschen die Kraft und die Liebe Gottes erleben durften, ein Zeuge der Auferstehung Jesu, welcher der Legende zufolge schließlich während einer Christenverfolgung in Rom mit dem Kopf nach unten gekreuzigt wurde.

Aus der biblischen Überlieferung des Bekehrungserlebnisses von Paulus erkennen wir zwei Dinge. Zum Einen hatte seine Begegnung mit Jesus dazu geführt, daß Paulus, obwohl er erblindet war, hoffte, daß Gott ihn heilen konnte. Er betete und fastete also mit Ausdauer, solange bis seine Heilung von Gott her Wirklichkeit geworden war. Zum Anderen lernen wir durch sein Beispiel, daß kein Mensch so weit von Gott weg ist, daß Gott ihn nicht mit seiner Liebe und seiner Auferstehungskraft erreichen könnte. Mit anderen Worten: Gott kann selbst im Leben von solchen Menschen noch Wirken, die gegen seinen Willen leben und sich als Feinde Gottes sehen, um ihr Leben zu wandeln und ihnen ein neues Leben auf der Seite des Höchsten zu schenken.

Ein solches Damaskuserlebnis, wie jenes Bekehrungserlebnis des Paulus, eröffnet uns durch Gottes Gnade ein völlig neues Verständnis von Gottes Liebe zu uns. Die Begegnung mit dem verherrlichten Jesus war traumatisch für Paulus. Er wurde auf sein Angesicht geworfen, erlebte eine Macht die viel höher war als seine eigene und erblindete, da er vom strahlenden Angesicht Jesu geblendet war. Sein ganzes Weltbild wurde auf den Kopf gestellt! Kaum jemand der nicht bereits eine existentielle Krise seines Lebens erfahren hat, kann verstehen wie unerforschlich Gottes Wirken an uns und wie groß seine Treue zu uns in Wahrheit ist. Obwohl Paulus sich als Feind Jesu verstand, belies Christus es nicht bei der Feindschaft des Paulus, sondern gewann ihn als leidenschaftlichen Nachfolger und Freund Jesu für sich. In gewisser Weise sind wir alle vor unserer Bekehrung so wie Saulus, der von brennendem Haß und mordlüsternen Gedanken zur Verfolgung der Gemeinde getrieben wurde. Waren wir nicht alle in Feindschaft gegenüber Gott und der Gemeinde Jesu entbrannt? Haben wir nicht mit den Jüngern Jesu gerungen, sie geringgeschätzt und hinter ihrem Rücken schlecht über sie gesprochen während wir uns ihnen gegenüber als ihre Freunde ausgegeben haben? Und hat Gott nicht in unserem Leben gehandelt, während wir noch nicht einmal an seine Existenz geglaubt haben? Gerade darin besteht dem biblischen Zeugnis zufolge Gottes Liebe zu uns: daß er uns liebt, noch während wir uns als seine Feinde verstehen und daß er uns zu seinen Freunden macht, bevor der letzte Tag gekommen ist.

Der Glaube im Sinne der Heiligen Schrift ermöglicht es uns auch eine Gemütshaltung zu entwickeln in der wir nicht länger auf menschliche Unmöglichkeiten, sondern auf Gottes Möglichkeiten sehen. Der amerikanische Pastor Dr. Robert Schuller hat eigens um diese Gemütshaltung des Glaubens zu beschreiben, den Begriff des ‚possibillity thinking' also des ‚Möglichkeitsdenkens' geprägt. Durch den Glauben an Jesus lernen wir, nicht länger auf die Dinge die uns fehlen zu blicken, sondern mit der Gewissheit des Handelns Gottes zu rechnen. Es ist im Grunde nicht relevant was uns alles fehlt, was wir nicht können und was wir nicht haben. Entscheidend ist das Bewusstsein für die Dinge die wir haben, die wir können und wovon wir einen Überfluss haben. Und noch entscheidender als all das, ist die Tatsache, daß Gott wirklich alles hat was wir benötigen, uns reichlich gibt und an seinen Gütern Anteil haben lässt. Wir werden uns so nicht mehr von der scheinbaren Unmöglichkeit einer von Gott geschenkten Vision abschrecken lassen, sondern im Vertrauen auf den allmächtigen Gott einfach losgehen und die Welt um uns herum ein für allemal verändern. Der Mensch in dem Gott Gestalt gewinnt, ist ein Bürger des Himmelreiches, dessen Blick ungeachtet der äußeren Umstände seines menschlichen Lebens konsequent auf Gott gerichtet ist und der davon ausgeht, daß für Gott keine Unmöglichkeit existiert.

Vielleicht wird der eine oder andere Leser nun ein etwas merkwürdiges Gefühl verspühren. Ja, vielleicht bist du noch nicht einmal Christ und stehst vor der Frage ob die Segnungen Jesu auch in deinem Leben Realität werden können? Die Antwortet darauf lautet: Ja, absolut! Wenn auch du diese Segnungen Jesu in deinem Leben erfahren möchtest, entscheide dich jetzt dazu auf die Seite des lebendigen Gottes zu kommen! Übergib Jesus jetzt im Gebet den Thron deines Lebens und tritt ein in die Tiefendimension des christlichen Glaubens. Jetzt ist die Zeit. Warte nicht bis morgen oder übermorgen, sondern entdecke was Gott der Herr jetzt, in dieser Sekunde für dich bereit hält. Dazu wünsche ich dir von Herzen Gottes Segen und ich verspreche dir, daß Gott, in dem Moment in dem du zu ihm findest, eine riesige Party im Himmel für dich und mit dir feiern wird, deren Auswirkungen dein ganzes Leben in eine 180 Grad neue, positive, begeisternde und abenteuerliche Richtung lenken werden. Dazu helfe dir der lebendige Gott, in Jesu Namen!

Amen.

1.1) EINFÜHRENDE BEGRIFFSDEFINITION

Für die theologische Arbeit als solche ist es immer von Vorteil sich zunächst einmal über die in einem vorliegenden Text verwendeten Begriffe, samt deren einschlägigem Bedeutungsinhalt, zu verständigen. Obwohl wir bereits anhand verschiedener biblischer Beispiele ein grundlegendes Verständnis von Glaube, Hoffnung und Liebe erworben und somit sozusagen das Fundament der weiteren Arbeit gelegt haben, möchte ich es nicht verabsäumen einige Überlegungen im Hinblick auf den ursprachlichen Bedeutungsinhalt dieser drei Säulen des christlichen Glaubens und Lebens anzustellen.

Uns werden in diesem Abschnitt die Fragen nach Wesen, Herkunft und Inhalt der oben bereits angesprochenen Phänomene näher beschäftigen. Die zugrundliegenden Fragestellungen lauten:

a) Was ist Glaube?
b) Was ist Hoffnung?
c) Was ist Liebe?

Ausgehend von diesen Fragen nach dem Wesen und der jeweiligen Eigenart des zu diskutierenden Phänomens werden wir versuchen dem übergeordneten Phänomen des Lebens in der aufrichtigen Beziehung mit Gott, näher auf die Spur zu kommen, als es bislang bereits geschehen ist. Wo wir bislang auf der Ebene der identifikatorischen Erkenntnis verschiedenen, in der Heiligen Schrift bezeugten Erscheinungsweisen des lebendigen Glaubens nachspüren konnten, wollen wir nun in einem Prozeß der analytischen Erkenntnis weitere für uns interessante und teilweise heilsnotwendige Details aus unserem schwammigen Bild herausarbeiten.

<u>Ad a)Was ist Glaube?</u>

Der griechische Begriff den Paulus in 1.Korinther 13 verwendet, ist das Wort 'pistis', welches im Sinne verschiedener, mit dem lebendigen Glauben in Beziehung stehender, Größen des geistigen Lebens übersetzt werden kann. Die erste und für uns offensichtlichste Bedeutung die dem Wort 'pistis' zukommt, ist die mit dem deutschen Wort 'Glaube' am ehesten wiederzugebende Bezeichnung des Glaubensphänomens als solchem. Im Neuen Testament wird dieses griechische Wort darüber hinaus in acht-facher Hinsicht wiedergegeben. Einerseits als 'Überzeugung, Glaube im allgemeinen' (vgl. Röm. 1,17), sodann als 'Fehlgeleiteter Glaube aus dem keine guten Werke folgen und der deshalb tot ist' (vgl. Jak. 2,14 und 17), weiters als 'der von Wundern begleitete wahre Glaube im Sinne des Evangeliums' (vgl. Mt. 21,21), als 'Inhalt des Glaubens oder des

Evangeliums' (vgl. Apg. 14,27), als 'Christentum im weiteren Sinne' (vgl. Gal. 6,10), dazu noch als 'Treue' (vgl. Tit. 2,10) und letztlich auch als 'Sicherheit, Beweis' (vgl. Apg. 17,31).

Der Glaube an sich ist einfach gesprochen, ein überaus vielschichtiges Phänomen, das verschiedene Aspekte des Glaubenslebens miteinschließt. Zunächst einmal basiert unser Glaube auf konkreten historischen Ereignissen, die zur Zeit Jesu rund um und, vor allem durch seine Person in Gang gesetzt worden sind. Ich persönlich halte überhaupt nichts von der irregeleiteten Ansicht man müsse die Evangelien erst einmal 'entmythologisieren' um so eine künstliche Differenz zwischen 'historischem Jesus' und 'nachösterlichem Christus' einzuführen. Diese der Bibelkritik entstammende Ansicht hat meiner Ansicht nach ihre Behauptungen sowie die ihr zugrunde liegenden Grundvoraussetzungen, von denen ausgehend die theologische Arbeit erfolgt, nicht zu Ende gedacht. So wir die Historizität einer einzigen biblisch überlieferten Begebenheit in Zweifel ziehen, würde die gesamte Heilige Schrift ihre in Glaubens- und Lebensfragen autoritative Bedeutung für unser Leben verlieren. Wäre nur ein einziger Vers der Schrift durch bewußte Irreführung zustande gekommen, welchen Grund hätten wir ihren sonstigen Aussagen glauben zu schenken? Ich persönlich glaube, daß die ganze heilige Schrift von Gottes Geist eingegeben und inspiriert worden ist, ohne wenn und aber, und erlaube mir gleichzeitig zu unterstellen, daß jeder Schreiber eines biblischen Buches mit sehr hoher Wahrscheinlichkeit auch die Warnung Gottes aus Offenbarung 22 nichts von seinem Wort wegzulassen und nichts hinzuzufügen gekannt haben dürfte.

Für unser Verständnis des Glaubens ist es notwendig, daß wir uns die wesentlichen Zusammenhänge zwischen unserem Glauben und unserem Handeln vergegenwärtigen, damit wir das eigentliche Wesen des Glaubens erfassen können. Der auf Gottes Wort basierende Glaube wird sich früher oder später, durch die Führung des Heiligen Geistes, in dem Glauben entsprechenden Werken äußern, denn Gottes Geist führt uns, wenn wir ihn wirklich empfangen haben, zur Treue zu Gottes Wort, die ein Mensch alleine Kraft seiner natürlichen Vernunft nicht verstehen kann. Hierbei stehen zwei im Laufe der Kirchengeschichte herausgebildete

Sätze in einem scheinbaren Widerspruch zueinander, der alleine von der Warte des Glaubens her aufgelöst werden kann. Die beiden Sätze lauten *'credo quia absurdum'* (frei wiedergegeben: 'Ich glaube weil es Unvernünftig ist') und *'credo ut intelligam'* (frei wiedergegeben: 'Ich glaube weil es Vernünftig ist)'. Zunächst einmal müssen wir verstehen, daß der scheinbare Widerspruch in erster Linie vor allem in unserem mangelhaften Verständnis der Prinzipien von Gottes Reich besteht. Der biblische Glaube ist kein völlig unvernünftiges aus der Luft gegriffenes Gebilde, sondern zumeist eine Folge der Erfahrung des persönlichen Heilshandeln Gottes im eigenen Leben. Durch dieses Erlebnis, oder diese Kette von Erlebnissen, sucht der Mensch dann in weiterer Folge nach einer Antwort und prüft irgendwann einmal die Heilige Schrift im Hinblick auf deren Glaubensinhalte. Sodann findet in einem intellektuellen Prozeß eine Prüfung dieser Glaubensaussagen statt, bis sich nach einer Periode des Zweifels und der kritischen Reflexion schließlich eine Art 'Bekehrungserlebnis' einstellt, in dem der Glaubende sein Leben in einer bewußten Willensentscheidung an Gott übergibt. Die Vernunft wird somit nicht etwa durch den Glauben einfach ausgeblendet, sondern der Glaube wird seinerseits durch einen Akt der Vernunft herausgebildet. Oder, wie wir meiner Ansicht nach besser übersetzen könnten: Ich glaube aufgrund der Vernunft – *credo ut intelligam*. Der französische Mathematiker Pascall hat diesbezüglich meines Wissens einmal ein treffendes Gleichnis aufgestellt, in welchem er den christlichen Glauben als die vernünftigste Entscheidung die ein Mensch treffen kann dargestellt hat. Er ging davon aus, daß wir, wenn wir an Gott glauben und so leben wie Gott es uns geboten hat am Ende unseres Lebens auf der 'Gewinnerseite' stehen werden, weil wir so gelebt haben wie Gott es wollte, Gott existiert und wir demnach ewiges Leben gewinnen werden. Wenn wir aber so leben wie es Gott gefallen würde und es würde Gott doch nicht geben, wären wir immer noch die moralischen Sieger, da wir durch unser sinnerfülltes Leben vielen anderen Menschen in tätiger Nächstenliebe geholfen hätten. Würden wir aber bewußt so leben, wie es Gott nicht gefällt, und es gäbe Gott doch, hätten wir dereinst ein gewaltiges Problem wenn wir dann doch vor Gott stehen würden. Mit anderen Worten wenn ein Mensch das Versöhnungsangebot Gottes durch Jesus annimmt, kann er im Endeffekt nur gewinnen! Ich muß ehrlich gestehen, daß mir dieses Gleichnis

Pascalls kein großes Kopfzerbrechen bereitet. Ich habe Gott schon so oft erlebt, daß ich nicht mehr an seiner Existenz, oder daran daß die Heilige Schrift wirklich Gottes Wort ist, zweifle. Ich habe Gottes Wirken auch als ich die Bibel noch nicht wirklich kannte so oft erlebt, daß ich mitunter überrascht gewesen bin das Grundmuster eines Erlebnisses, das ich mit Gott hatte, im Nachhinein in der Heiligen Schrift dargelegt gefunden zu haben.

Bill Bright, der Gründer von *Campus für Christus* hat diesen Glaubenserkennntisprozeß einmal anschaulich in der logisch begründeten Reihenfolge: fact (Ereignis) - faith (Glaube) - feeling (Gefühl) dargestellt. Er möchte damit zum Ausdruck bringen, daß unser Glaube der Kenntnisnahme konkreter historischer Ereignisse folgt und erst in dritter Instanz das Gefühl als menschliche Reaktion auf den Glauben hinzukommt. Wir können dieses Muster des Glaubens aber auch auf einer subjektiven Ebene interpretieren. Wo wir ein bestimmtes Erlebnis mit Gott hatten (Ereignis), bekamen wir den Glauben daß dies Gottes Wirken sei da wir in Gottes Wort die Bestätigung dafür fanden (Glaube), und nun haben wir diese geistliche Wahrheit so sehr verinnerlicht daß wir bereits Gefühlsmäßig erahnen können wie Gott an, mit und durch uns handelt (Gefühl). Wir sind also sowohl gefundene Suchende, als Suchende Finder. Gott hat uns gefunden, damit wir ihn suchen und wir begannen daraufhin zu suchen und Gott zu finden. Ganz so wie er es verheißen hat. (vgl. Mt..7,7-11)

Ad b) Was ist Hoffnung?

Das bei uns im Deutschen mit 'Hoffnung' wiedergegebene griechische Wort '*elpis*' hat wiederum einen weiter gesteckten Begriffsumfang, als wir durch die deutsche Übersetzung vermuten würden. Im Neuen Testament wird im Blick auf den Bedeutungsumfang des Wortes ‚*elpis*' erst einmal zwischen einer weltlichen Erwartung (vgl. Apg. 16,19) und der christlichen Hoffnung (Hebr. 10,23) unterschieden. Wo man die Hoffnung im weltlichen Bereich mit der 'Erwartung der Wahrscheinlichkeit' umschreiben könnten, können wir die christliche Dimension der Hoffnung als 'Gewißheit eines von Gott verheißenen Geschehens', nämlich als

Gewißheit der Errettung durch den Glauben an Jesus und der kommenden Auferstehung im Reich Gottes verstehen. Im weltlichen Sinne sahen die in der Apostelgeschichte erwähnten Herren der Magd mit dem Wahrsagegeist sich um die Erwartung der Wahrscheinlichkeit ihres Gewinnes betrogen als Paulus dem Wahrsagegeist geboten hatte von der Magd auszufahren (vgl. Apg. 16,18), weshalb sie darauf drängten daß Paulus und Silas der Prozeß gemacht werde. Die christliche Hoffnung dagegen, erblicken wir in der Reaktion der geschlagenen, inhaftierten Jünger Jesu. Paulus und Silas sahen sich nicht etwa, wie wir es in einem weltlichen Verständnis erwarten würden, um ihre Rechte betrogen, sondern priesen den Herrn aus voller Kehle, wohl da er sie für würdig befunden hatte für seinen Namen zu leiden. Schließlich stand Gott den Jüngern bei und befreite sie aus ihrer mißlichen Lage, was auch zur Bekehrung der gesammten Familie des Kerkermeisters geführt hat. Im Unterschied zu den Herren der Magd erwarteten Paulus und Silas nicht, daß Gott vielleicht mit ihnen sein könnte, sie waren von seiner Anwesenheit völlig überzeugt! Und dies, wie wir anhand des biblischen Berichts erkennen können, zu Recht. Das Wort 'elpis' kann zudem, anders als im Deutschen, auch den 'Grund bzw. den Gegenstand der Hoffnung' (vgl. 1. Thess.2,19), mit anderen Worten Jesus selbst, bezeichnen. Unsere Hoffnung ist uns nicht nur als abstrakte geistliche Eigenschaft, sondern auch als konkrete Person in dem einzig wahren und menschgewordenen Wort Gottes selbst gegeben. Eine solche Definition der Hoffnung ist in der gesamten Geschichte der Menschheit einmalig. In jeder von Menschen erschaffenen Religion beruht die Hoffnung der an dieses System glaubenden Menschen nur auf der Zusage von anderen Menschen, niemals in dem Wesen einer konkreten historischen Person, oder gar im lebendigen Gott selbst. Im Gegensatz dazu basiert der biblische Glaube in erster Linie immer auf dem souveränen Heilshandeln Gottes, wie es uns in der Heiligen Schrift geschildert wird. Grund unseres Glaubens, ist also der handelnde Gott, als konkretes Gegenüber in der unsichtbaren Welt. Von der Hoffnung im Sinne des Gegenstandes der Hoffnung, ist die Bedeutung des Wortes 'elpis' im Sinne des 'Hoffnungsgutes', der konkret erwarteten Ereignisse selbst, zu unterscheiden.

Unsere christliche Hoffnung besteht also sowohl in der Ursache der

Hoffnung, mit anderen Worten der Person durch die uns die Hoffnung als Eigenschaft erwirkt wurde, sowie im Inhalt unserer Hoffnung, als auch in der Erwartung des gewissen Eintreffens der uns von unserer Hoffnungsursache her verheißenen, kommenden Geschehnisse rund um Auferstehung und ewigem Leben.

Ad c) Was ist Liebe?

Das von Paulus in 1. Korinther 13,13 verwendete griechische Wort für 'Liebe' ist das griechische Wort 'agape'. Es bezeichnet in erster Linie die selbstlose, hingegebene Liebe an eine andere Person. C.S. Lewis hatte einmal in einem seiner Werke den grundlegenden Unterschied zwischen menschlicher und göttlicher Liebe dahingehend definiert, daß er die göttliche agape-Liebe als 'sich selbst schenkende Liebe', die menschliche Liebe dagegen als 'bedürftige Liebe' charakterisiert hat. Die schlechthinnige Bedeutung des Begriffes der agape-Liebe hat Gott der Herr uns ein für allemal an seinem eigenen Beispiel dargelegt, als er in Jesus Mensch geworden ist und seine himmlische Herrlichkeit freiwillig für das Leiden und Sterben am Kreuz, zur Erlösung der diese Erlösung annehmenden Menschen, verlassen hat. In 1.Johannes 4,9-10 bringt der Apostel Johannes es auf den Punkt: „Hierin ist die Liebe Gottes zu uns geoffenbart worden, daß Gott seinen eingeborenen Sohn in die Welt gesandt hat, damit wir durch ihn leben möchten. Hierin ist die Liebe: nicht das wir Gott geliebt haben, sondern daß er uns geliebt und seinen Sohn gesandt hat als eine Sühnung für unsere Sünden." Aus dieser Liebe Gottes erwächst uns, gemäß der Lehre der Heiligen Schrift, nun auch die Verpflichtung unseren Nächsten in einem eben solchen hingegebenem Maße zu lieben. Wir lesen im nächsten Vers: „Geliebte, wenn Gott uns so geliebt hat, sind auch wir schuldig, einander zu lieben." (1.Johannes 4,11) So kommen wir dann auch zu der einzigen weiteren Bedeutung die das Wort 'agape' im Sinne des Neuen Testamentes noch haben kann: dem äußeren Zeichen der brüderlichen Liebe untereinander, dem Abend- bzw. Liebesmahl. In Judas 12, der einzigen neutestamentlichen Stelle an der das Wort ‚agape' in dieser Bedeutung gebraucht wird, offenbart uns die Heilige Schrift, daß trotz allem an den Tischen der Gemeinde gottlose Irrlehrer verkehren, die ein Schandfleck der brüderlichen

Liebe untereinander sind und nur ihrem eigenen Bauch, ihrem eigenen Wohlergehen dienen möchten, anstatt der Gemeinde als Leib Christi aus vollem Herzen zu dienen.

Das oft zitierte dreifache Liebesphänomen des griechischen Sprachgebrauches (*agape, philia, eros* bezeichnen im griechischen eine je eigene Form der Liebe) begegnet uns im Neuen Testament in dieser Form nicht. Der Begriff '*eros*', der die geschlechtliche (also eheliche) Liebe zwischen Mann und Frau bezeichnen würde, begegnet uns im Sprachgebrauch des Neuen Testaments nicht, wohingegen wir den Begriff '*philia*' ebenfalls nur an einer einzigen Stelle, wo er die 'Freundschaft' bezeichnet und von Jakobus als Kritik an der 'Freundschaft mit der Welt' gebraucht wird, in Jakobus 4,4 vorfinden. Die agape-Liebe ist, als höchste Form der Liebe, das eigentlich entscheidende Element von Glaube, Hoffnung und Liebe. In diesem Sinne sehen wir also, daß das Wort Gottes von uns als Glaubensreaktion auf die selbstlose Liebe Gottes zu uns, eine ebenfalls selbstlose, hingegebene Liebe zu Gott und unserem Nächsten, unseren Mitmenschen erwartet.

Der entscheidende Faktor in unserem Verständnis dieser zentralen neutestamentlichen Lehre ist die Tatsache, daß wir diese höchste Form der Liebe nicht aus uns selbst hervorbringen können. Sie kann uns nur von Gott gegeben werden, in dem Maße, in dem wir IHN durch den Glauben in UNS Gestalt gewinnen lassen. Mögen der Herr uns so sehr mit seiner Liebe erfüllen, daß auch wir von dieser göttlichen Liebe überfließen!

1.2)Charismen – Gaben des Geistes und Frucht des Glaubens

Jeder der zum Glauben an den lebendigen Gott gekommen ist, darf sich als von Gott berufen und beauftragt verstehen. Ein solcher Mensch darf in der Gewißheit leben, daß Gott ihn – wie auch den gesamten Leib Christi – dazu berufen hat alle Nationen zu Jüngern zu machen und ihm verheißen hat bei ihm zu sein alle Tage bis zur Vollendung der Welt (vgl. Mt. 28,18-20). Wen Gott beruft, den befähigt er auch dazu diesen Ruf, diese Berufung zu erfüllen. Dies geschieht einerseits durch den dem natürlichen Menschen gegebenen Glauben, andererseits durch die übernatürlichen Geistesgaben, die dem Christen nach seiner Taufe im Heiligen Geist geschenkt werden und ihn in die Sphäre der übernatürlichen Gotteserfahrung erheben. Er ist so nicht länger nur auf weltliche Welterklärungssysteme und philosophische Deutungen der Wirklichkeit angewiesen, sondern entwickelt einen übernatürlichen Glaubenssinn, der ihn offen für Entwicklungen auf der geistlichen Ebene macht und eine Art Sprachrohr mit Gott eröffnet. Man könnte sagen, der Mensch der den Heiligen Geist empfangen hat ist ‚online' mit Gott. Durch diese Verbindung mit dem Heiligen Geist erhält der Gäubige gemäß der neutestamentlichen Überlieferung verschiedene übernatürliche Fähigkeiten, die sog. Charismen.

Das griechische Wort ‚*charis*', von dem der Begriff ‚*charisma*' abgeleitet wird, bedeutet eigentlich ‚Gnade'. Die vor allem in freikirchlichen Gemeinden oft als Geistesgaben bezeichneten, übernatürlichen Fähigkeiten, die der Heilige Geist dem Leib Christi schenkt, sind also eigentlich Gnadengaben Gottes. Alles was Gott uns schenkt, schenkt er uns aus reiner Gnade. Wir können diese Gaben zwar nicht mit unseren Werken erkaufen, dem Zeugnis der Schrift zufolge aber dennoch nach ihnen streben. Der Apostel Paulus schrieb dazu: „Eifert aber um die größeren Gnadengaben! Einen Weg noch weit darüber hinaus zeige ich euch auf..." (1.Korinther 12,31) Hierauf eröffnet der Apostel dann das Hohelied der Liebe und zeigt klar auf, daß die Liebe das eigentlich konstitutive Element der christlichen Glaubenserfahrung charakterisiert. Jede Geistesgabe die Gott uns Menschen gibt ist letztlich nutzlos, wenn diese nicht auf der Liebe zu Gott und den Menschen gegründet ist, genau wie jedes gute Werk das nicht auf der Liebe basiert immer nur ein schaler Ersatz für wahre Werke des lebendigen Glaubens sein kann.

Nichtsdestotrotz dürfen wir nicht den Fehler begehen die Liebe gegen die Geistesgaben ausspielen zu wollen, so als ob ein Streben nach der Liebe ein Leben in der Kraft Gottes ersetzen würde. Beide Elemente – Liebe und Geistesgabe – sind nicht dazu gegeben worden einander zu ersetzen, sondern sollen einander ergänzen. Ein Dienst ohne Liebe würde den Leib Christi, die Gemeinde, nicht erbauen sondern langsam aber sicher zerstören, genauso wie Liebe ohne Dienst den Leib Christi auf der anderen Seite schwächen würde. Jedes Glied in einem Leib ist auf die anderen Glieder angewiesen und jeder Christ ist auf den Dienst seiner Geschwister im Glauben angewiesen, um zur vollen Mannesreife in Christus heranzuwachsen.

Gerade deshalb ist die Gemeinschaft mit anderen Christen so wesentlich für ein gesundes Glaubensleben. Jeder Christ kann durch seine Erfahrungen mit Gott und sein Wissen über Gott entscheidendes zum geistlichen Wohlergehen anderer Christen beitragen. Indem wir unsere Erkenntnisse weitergeben, mehren wir sie und eröffnen uns selbst den Weg zu weiteren Erkenntnissen auf einer anderen Ebene. Wer lehrt, lernt immer auch und jeder der lernt, lehrt, auch ohne dies bewußt zu erfahren. Alleine dadurch das jemand im richtigen Moment die richtigen Fragen stellt, kann eine ganze Lerngruppe enorm profitieren. Und warum nicht die eigenen Erkenntnisse in die Diskussion miteinfliesen lassen? Es gibt beinahe immer jemanden der etwas wesentliches zum Thema sagen kann, das zum Nutzen aller ist. Auf das Thema der Geistesgaben bezogen kann es durchaus vorkommen daß in einer christlichen Versammlung (selbst in theologischen Seminaren) jemandem ein Wort der Erkenntnis oder der Weisheit zuteil wird, daß Gott allen Anwesenden zur Erbauung schenken möchte.

Doch welche Geistesgaben existieren in der Lehre der Heiligen Schrift und woran können wir diese erkennen? Ich bin vor einiger Zeit auf ein gutes System zur Einteilung der geistlichen Gaben gestoßen, das ich hier darstellen möchte, damit auch du, lieber Leser, dir ein Bild von der überfliessenden Gotteskraft im Leben des Glaubens, ja, wenn du hingegebener Christ bist in deinem Leben, machen kannst. Welche Geistesgaben gibt es also, und wie äußern sich diese im Leben des Glaubenden?

Die Geistesgaben die Gott den Glaubenden schenkt lassen sich in vier große Gruppen aufteilen: a)Wortgaben des Heiligen Geistes, b)Offenbarungsgaben des Heiligen Geistes, c)Kraftgaben des Heiligen Geistes, d)Zurüstungsgaben des Heiligen Geistes.

Ad a) Wortgaben des Heiligen Geistes

Zu den Wortgaben des Heiligen Geistes gehören eine Reihe von Charismen, die sich aus solchen Gnadengaben zusammensetzen, die zunächst eher unscheinbar wirken, aber dennoch für die Gemeinde von großem Wert und Nutzen sein können, sowie der uns doch sehr spektakulär erscheinenden Zungenrede. Einfach gesprochen ist jede Gesitesgabe die mit Worten zu tun hat, eine Wortgabe des Heiligen Geistes, mit Ausnahme der Prophetie, die ihrerseits ja eine übernatürliche Schau, eine Offenbarung voraussetzt.

Zu den Wortgaben des Heiligen Geistes zählen also:
a.1) Wort der Weisheit, (vgl. 1.Kor. 12,8)
a.2) Wort der Erkenntnis, (vgl. 1.Kor. 12,8)
a.3) Zungenrede (vgl. 1.Kor. 12,10)

Natürlich wird noch näher zu diskutieren sein, was wir genau unter den Begriffen „Wort der Weisheit" und „Wort der Erkenntnis" zu verstehen haben, mir scheint aber die folgende Definition recht brauchbar zu sein und diese beiden Charismen anschaulich zu erläutern. Ein Wort der Weisheit liegt dann vor, wenn der Heilige Geist uns in die Lage versetzt jemandem zur richtigen Zeit das Richtige zu sagen, so daß dieser eine echte Hilfestellung in seinem Leben erfährt. Dieses Charisma kann nicht bewußt hervorgebracht werden, sondern passiert nach meiner Einschätzung ‚einfach so', hat aber eine große Wirkung im Leben des angesprochenen Menschen.

Ein Wort der Erkenntnis besteht meines Erachtens darin, daß der Heilige Geist uns nähere geistliche Zusammenhänge erklären läßt, mit denen wir uns meist zuvor nicht schon intensiv selbst befaßt haben. Wir erleben, so könnte man sagen, durch das Wort der Erkenntis also ein spontanes, vom Heiligen Geist gewirktes Aha-Erlebnis in Fragen des Glaubens.

Die Zungenrede ist das in der Schrift wohl am besten bezeugte Charisma. Sie besteht in der Fähigkeit des geistgetauften Christen in neuen Sprachen zu sprechen, die der Gläubige zuvor nicht beherrscht hat. In der Apostelgeschichte dient diese Gnadengabe unter anderem der Identifikation wahrer Gläubiger mit dem Leib Christi und als Ausweis für die Apostel, daß diese Personen die gleiche Gnade von Gott erhalten haben wie die bis dahin gläubig gewordenen Christen auch. In ihrer heilsgeschichtlichen Dimension diente diese Gnadengabe also auch dazu, den historischen Graben zwischen Heiden- und Judenchristen ein für allemal zu überbrücken.

<u>Ad b)Die Offenbarungsgaben des Heiligen Geistes</u>

b.1) Weissagung (=Prophetie), (vgl. 1.Kor. 12,10)
b.2) Unterscheidung der Geister, (vgl. 1.Kor. 12,10)
b.3) Auslegung der Sprachen (vgl. 1.Kor.12,10)

Unter den Offenbarungsgaben des Heiligen Geistes erscheint uns, so paradox dies auch klingen mag, die Gnadengabe der Prophetie wohl am plausibelsten. Es fällt uns nicht schwer zu verstehen, daß Gott, der souveräne Herr über Raum und Zeit auch die Macht hat seinem Volk zukünftige Geschehnisse und Entwicklungen durch prophetisch gesalbte Christen zu offenbaren. Dies kann, wie die Erfahrung zeigt, zu verschiedenen Zwecken geschehen. Einerseits kann Gott so Berufungen bestätigen oder Zweifel die junge Christen plagen ausräumen. Die Prophetie kann, wie etwa im Falle der Offenbarung des Johannes, dazu dienen der Gemeinde zukünftige, heilsgeschichtlich relevante Phänomene und Ereignisse zu offenbaren, um die Gemeinde geistlich auf diese Entwicklungen vorzubereiten, oder dazu dienen die Entschlossenheit der Diener Gottes zu verstärken (etwa als Paulus von Agabus prophetisch auf seine Gefangenschaft und Auslieferung an die Nationen vorbereitet wurde, vgl. Apg.21,10-17).

Dagegen fällt es vielen Christen heute recht schwer, die Unterscheidung der Geister zu verstehen. Denn worin genau besteht die Unterscheidung der Geister? Ist damit etwa eine Art ‚übernatürliche Geistesschau' gemeint, oder bezeichnet die Heilige Schrift mit diesem Begriff eine Art geistlichen Kompaß der manchen Christen gegeben ist? Ich persönlich glaube, daß die Unterscheidung der Geister uns dabei helfen kann geistliche Zusammenhänge zu entdecken, die auf den ersten Blick nicht so offensichtlich sind. Ein biblisches Beispiel hierfür, ist die Magd mit dem Wahrsagegeist (vgl. Apg.16,16-18), die unablässig vor Paulus und seinen Begleitern herlief um zu verkünden, daß diese Knechte des Höchsten seien. Paulus erkannte daraufhin, daß es sich um eine dämonische Besessenheit handelte und gebot dem Wahrsagegeist auszufahren. Der Unterschied zwischen einem Wahrsagegeist und dem prophetischen Charisma, besteht, soweit ich es erkenne, darin, daß ein Wahrsagegeist dämonischen Ursprungs ist und das Ziel hat die Menschen von Gott fernzuhalten, wohingegen die Prophetie von Gott gesandt ist um Menschen in ihrem Glauben zu stärken und in die Gemeinschaft mit dem lebendigen Gott zurückzuführen.

Die Auslegung der Sprachen besteht in der geistgeleiteten Interpretation des Charismas der Zungenrede. Was für manche nach unverständlichem Kauderwelsch klingen mag, kann eine himmlische Sprache sein, die der Auslegung durch einen von Gott berufenen und inspirierten Ausleger erforderlich macht.

<u>Ad c)Die Kraftgaben des Heiligen Geistes</u>

c.1)Gnadengaben der Heilung, (vgl. 1.Kor. 12,9)
c.2)Wunderwirkungen, (vgl. 1.Kor. 12,10)

Über diese beiden Kraftgaben des Heiligen Geistes haben wir erstaunlicherweise am wenigsten Informationen. Die Gnadengaben der Heilung scheinen in einem Zusammenhang mit dem Handauflegen und dem Glaubensgebet der Gemeindeältesten als frühchristlichem Befreiungsdienst zu stehen, könnten sich jedoch auf verschiedene Heilungscharismen beziehen. So wäre es denkbar, daß eine Person die Gabe hat Augenerkrankungen zu heilen, wohingegen die andere vielleicht eine allgemeine Heilungskraft in ihren Händen trägt. Ähnlich verhält es sich bei den Wunderwirkungen. Hier werden wir wohl zunächst an ein alttestamentliches Beispiel wie etwa den das Wasser teilenden Mose denken. Gott hatte zu ihm nicht gesagt, daß Gott das Meer vor Mose spalten würde, nein, er forderte Mose vielmehr dazu auf seine Hand auszustrecken und das Meer so zu teilen (vgl. 2.Mose 14,16)! Als Reaktion auf die Treue des Mose, teilte der Herr das Meer wie es in 2Mose 14,21 heißt: „Und Mose streckte seine Hand über das Meer aus, und der Herr lies das Meer die ganze Nacht durch einen starken Ostwind zurückweichen und machte (so) das Meer zum trockenen Land und die Wasser teilten sich." Ich sehe hier insofern eine Parallele zur neutestamentlichen Gabe der Wunderwirkung, da jedes Wunder immer vom Herrn selbst kommt. Er ist es der die Gabe und das Gebot gibt, er ist es, der alles ausführt was sein Wille geplant hat. Ob ein solches Charisma auch heute noch in dieser Herrlichkeit vorkommt, vermögen wir nicht mit Sicherheit zu sagen. Sicher ist aber, daß auch heute noch viele Zeichen und Wunder im Volk Gottes geschehen, die auf die Gnadengabe der Wunderwirkungen zurückzuführen sein könnten. An einen weiteren Helden des Glaubens, werden wir in diesem Zusammenhang noch zu denken haben. Gideon wurde von Gott selbst, in Gestalt des Engels des Herrn, dazu berufen den Kampf Israels gegen die Midianiter, eine feindliche Besatzungsmacht zur Zeit der Richter, zu führen. Doch Gideon schrak zunächst, ähnlich wie Mose vor der gewaltigen Aufgabe zurück. Der Herr aber spricht zu ihm: „Geh hin in dieser deiner Kraft und rette Israel aus der Hand Midians! Habe ich dich nicht gesandt?" (Richter 6,14a) und „Ich werde mit dir sein und du wirst Midian schlagen, wie einen einzelnen Mann." (Richter 6,16a). Im Neuen Testament finden wir eine erstaunliche Parallele zwischen dem Wirken Gottes durch das Handeln der Apostel und den Worten der Berufung Gideons. In Lukas 16,20 lesen wir über die beauftragten Apostel: „Jene aber zogen aus und predigten überall, während der Herr mitwirkte und das Wort durch die darauf folgenden Zeichen bestätigte." So wie der Herr Gideon seinen Beistand verheißen hat und durch Gideon wirken wollte, so war Jesus auch mit den Aposteln und so wird er auch mit uns ein, wenn wir es wirklich wagen im Glauben voranzugehen und das Evangelium in jedem Land und jeder Nation verkünden wollen. Gerade in unseren Tagen hört man oft die Frage, warum die Gemeinde im Westen so wenige Wunder erlebt. Die Frage die ich mir diesbezüglich stelle ist: Was tut die Gemeinde im Westen denn schon großartiges das Wunder erforderlich machen würde? Wo verlassen wir uns wirklich radikal auf Gott und sein Wort? Ist es nicht wahr, daß die Meisten von uns die Gnadengaben nur deshalb meiden, weil sie daran zweifeln daß

Gott sie damit gesegnet hat? Solange wir nicht lernen uns völlig von Gott abhängig zu machen, werden wir nie den Vollmaß des Wuchses der Fülle Christi erlangen und in die Ebene des Übernatürlichen vorstoßen. Darum möchte ich dich herausfordern: entdecke die Gaben, die du hast, nutze sie und vertraue darauf, daß der Herr unser Gott wahrhaft zu seinem Wort stehen wird! Doch kehren wir vorerst zu unserem eigentlichen Thema in diesem Kapitel, den Geistesgaben und dem Umgang mit denselben, zurück.

Für unser Verständnis des richtigen Umgangs mit den übernatürlichen Gnadengaben ist es wichtig zwei Dinge ausdrücklich festzustellen. Es gibt keine wichtigeren oder unwichtigeren Gnadengaben des Heiligen Geistes, da sie alle einzigartig sind und vom selben Heiligen Geist Gottes geschenkt werden. Weiters gilt es zu bedenken, daß diese Gnadengaben nur (!) unter der Führung des Heiligen Geistes eingesetzt werden sollten und kein Resultat zur Folge haben werden, das dem Zeugnis der Heiligen Schrift widerspricht. Gerade im Blick auf die Prophetie oder die Auslegung der Zungenrede wird die Gemeinde hier mit besonderer Vorsicht vorgehen müssen. Doch von allen unterschiedlichen Gnadengaben kann gesagt werden, daß sie vom selben Gott zu dem selben Zweck, nämlich der Auferbauung des Leibes Christi gegeben werden

Ad c) Die Zurüstungsgaben des Heiligen Geistes.

Neben den allgemeinen Geistesgaben, die der Herr zum Wohle seines geistigen Leibes auf Erden schenkt, kommt es in der gesamten Gemeinde auf Erden immer wieder vor, daß Gott Menschen dazu befähigt, einen bestimmten Dienst in der Gemeinde Gottes auszuüben, ohne daß dies primär dem Wirken des Heiligen Geistes zu entspringen scheint. Doch lassen wir uns nicht täuschen, es ist alleine der lebendige Gott, der seinem Volk derartige Segnungen, wie die Befähigung Einzelner zu den nachfolgend genannten Diensten im Leib Christi, schenken kann. Ich habe diese Dienste daher einmal unter der Bezeichnung ‚Zurüstungsgaben des Heiligen Geistes' zusammengefasst.

Der Apostel Paulus schreibt dazu, wiederum im 1.Korintherbrief: „Ihr aber seid Christi Leib und, einzeln genommen, Glieder. Und die einen hat Gott in der Gemeinde eingesetzt erstens als Apostel, zweitens (andere) als Propheten, drittens als Lehrer, sodann (Wunder-)Kräfte, sodann Gnadengaben der Heilungen, Hilfeleistungen, Leitungen, Arten von Sprachen. Sind etwa alle Apostel? Alle Propheten? Alle Lehrer? Haben alle (Wunder-)Kräfte? Haben alle Gnadengaben der Heilungen? Reden alle in Sprachen? Legen alle aus? Eifert aber um die größeren Gnadengaben." (1.Korinther 12,27-31a)

Für uns ist an dieser Stelle, neben den hier aufgezählten Gnadengaben vor allem der von Paulus hier angesprochene Zusammenhang zwischen Gnadengabe und vermeintlichen ‚Ämtern' in der Gemeinde interessant. Wer das Neue Testament aufmerksam liest, wird früher oder später feststellen, daß es eine von der Bibel gelehrte zweigliedrige Struktur der Gemeinde gibt, die sich aus zwei verschiedenen Diensträngen in der Gemeinde zusammensetzt. Der Einfachheit halber schlage ich deshalb vor, die Dienste in der Gemeinde in den a)charismatischen und den b)institutionellen Dienst auszudifferenzieren. Da Paulus, wie wir oben gesehen haben, im ersten Korintherbrief die auch dem 5-fältigen Dienst aus dem Epheserbrief zugrunde liegenden Apostel- und Propheten-dienste in Verbindung mit den Gnadengaben des Heiligen Geistes bringt, verstehe ich unter dem charismatischen Dienst jenen Dienst in der Gemeinde, der unmittelbar aus einer übernatürlichen Befähigung durch den Heiligen Geist resultiert. Diese Dienststruktur umfaßt die in Eph. 4,11-14 genannten Dienste des Apostels, Propheten, Hirten, Lehrer und Evangelisten, wohingegen der institutionelle Dienst jenen ‚Ämtern' in der Gemeinde aus 1.Tim.3,1-13 und Titus 1,5-9: Aufsehern, Ältesten und Diakonen entspricht. Mir scheint der Unterschied zwischen diesen beiden Diensträngen sowohl im Hinblick auf ihren eigenen Charakter, als auch auf ihre Dauer gegeben zu sein. Wo die Gemeinde bewährte Männer, die gewissen Kriterien entsprechen sollen, zum institutionellen Dienst berufen kann, liegt die Berufungs- und Beauftragungsvollmacht für den charismatischen Dienst alleine bei Gott. Nur der Herr kann einen Apostel zum Apostel und einen (wahren) Propheten zu einem (wahren) Propheten machen. Der charismatische Dienst gründet sich also nicht auf eine bestimmte Einsetzungszeremonie wie etwa die Ordination sondern liegt alleine im persönlichen Gabenprofil des betreffenden Menschen begründet. Man kann also nicht durch eine Gemeinde oder einen Gemeindebund zum Apostel berufen werden, man kann nur durch die Gnade Gottes ein Apostel sein. Ein weiterer Unterschied zwischen dem charismatischen und dem institutionellen Dienst besteht wohl darin, daß jeder der mit einem institutionellen Dienst betraut wurde, diesen lediglich ausübt, wohingegen jemand der von Gott mit einem charismatischen Dienst beauftragt wurde, diesen geradezu verkörpern muß. Im Bezug auf die Dauer der Ausübung des Dienstes, kann man in westlichen Gemeinden wohl gemeinhin annehmen, daß der institutionelle Dienst heutzutage vermutlich vor dem Lebensabend des Dieners beendet sein wird, wohingegen jemand der zum charismatischen Dienst beauftragt ist, diesen Dienst Zeit seines Lebens verkörpern und ausüben muß.

2.)DER HEILENDE GLAUBE

Der lebendige Glaube an Gott und das Studium seines Wortes entfalten eine weitere Dimension unserer Beziehung zu Gott in unserem Leben: göttliche Heilung. In unserer, von der Aufklärung geprägten, Welt fällt es uns schwer die Tatsache zu akzeptieren, daß der lebendige Gott auch heute noch heilt. In der Tat ist es nicht möglich im Neuen Testament zu lesen, ohne auch auf die heilende Kraft Gottes zu stoßen. Die Evangelien sind Berichte von Menschen die Jesus zu seinen Lebzeiten begegnet sind und Gemeinschaft mit ihm gehabt haben, auch wenn etwa das Lukasevangelium erst durch die Nachforschungen des Lukas, eines Reisegefährten des Paulus (vgl. Lk. 1,1-4; Kol. 4,4) zusammengestellt wurde. Diese authentischen Augenzeugenberichte erzählen uns von verschiedenen Heilungswundern die Jesus gewirkt hat und die sie mit ihren eigenen Augen sehen konnten. Immer wieder begegnet Jesus kranken Menschen für die, nach damaligem Wissen, keine Chance auf Heilung bestanden hat. So wie die scheinbare Ausweglosigkeit der Situation jener Menschen Jesus nicht davon abhalten konnte sie zu heilen, kann auch heute keine noch so ausweglos scheinende Situation Gott daran hindern zu heilen. Ich selbst habe erlebt wie Gott mich auf übernatürliche Weise von vielen Leiden und einer schwerwiegenden Erkrankung geheilt hat. Obwohl ich noch nicht zu 100% wiederhergestellt bin, glaube ich, daß Gott jede Krankheit, so schlimm sie auch scheint, heilen kann. Ich bin mir auch absolut sicher, daß Jesus jede Krankheit heilen möchte. Genau genommen berichtet uns die Bibel daß Jesus uns bereits in der Vergangenheit von unserer Krankheit geheilt hat. Heilung ist also unterwegs! Bereits hunderte Jahre vor der Geburt Jesu prophezeite Jesaja von dem kommenden, hingerichteten Gottesknecht: „Doch er war durchbohrt um unserer Vergehen willen, zerschlagen um unserer Sünden willen. Die Strafe lag auf ihm zu unserem Frieden, und durch seine Striemen ist uns Heilung geworden." (Jesaja 53,5) Das wir das gesamte Gottesknechtlied das in Jesaja 53 geschrieben steht auf Jesus beziehen sollen, wissen wir unter anderem deshalb, weil uns in der Apostelgeschichte berichtet wird wie Philipus einem äthiopischen Kämmerer ausgehend von einer Stelle dieses Gottesknechtliedes (genauer gesagt Jesaja 53,7; vgl. Apg. 8,26-40) das Evangelium von Jesus aufschlüsselt. Für uns ist dies die neutestamentliche Bestätigung dafür, daß dieses Gottesknechtlied von Jesus Christus handelt. Es gibt allerdings noch einen weiteren neutestamentlichen Text der uns aufzeigt, daß diese Prophetie Jesajas in Jesus Christus zu ihrer Erfüllung gekommen ist. Der Apostel Petrus schrieb dazu: „Denn hierzu seid ihr berufen worden; denn auch Christus hat für euch gelitten und euch ein Beispiel hinterlassen, damit ihr seinen Fußspuren nachfolgt: der keine Sünde getan hat, auch ist kein Trug in seinem Mund gefunden worden, der, geschmäht, nicht wieder schmähte, leidend, nicht drohte, sondern sich dem übergab, der gerecht richtet; der unsere Sünden an seinem Leib selbst an das Holz hinaufgetragen hat, damit wir, den Sünden abgestorben, der Gerechtigkeit leben; durch dessen Striemen ihr geheilt worden seid. Denn ihr gingt in die Irre wie Schafe, aber ihr seid jetzt zurückgekehrt zu dem Hirten und Aufseher eurer Seelen." (1.Petrus 2,21-25) Wenn wir uns die Mühe machen die wesentlichen Elemente dieser beiden Texte miteinander zu vergleichen, werden wir einige interessante Entdeckungen machen. In Jesaja 53,6 heißt es: „Wir alle irrten umher wie Schafe, wir wandten uns jeder auf seinen (eigenen) Weg; aber der Herr lies ihn treffen unser aller Schuld." Petrus schrieb in 1.Petrus 2,25: „Denn ihr gingt in die Irre wie Schafe, aber ihr seid jetzt zurückgekehrt zu dem Hirten und Aufseher eurer Seelen." Mit anderen Worten, Jesus selbst ist der gute Hirte, der uns auf den Pfad des ewigen Lebens führen möchte – wie er selbst in einem der ‚Ich bin' Worte des Johannesevangeliums lehrt (vgl. Joh. 10,11: „Ich bin der gute Hirte; der gute Hirte läßt sein Leben für die Schafe."). Wir dürfen seinen Ruf hören und ihm durch unseren Glauben an Gott und Gottes Wort folgen, um so das Ziel unseres Glaubens und unserer Hoffnung, die Gemeinschaft mit Gott schon jetzt in unserem irdischen Leben zu erfahren. Der geistliche Zustand der Menschen die ohne Gott leben gleicht dem einer sich zerstreuenden Schafherde. Jedes Schaf rennt gutgläubig in irgendeine Richtung, wo es ohne Schutz und Sicherheit dem brutalen Schicksal ausgeliefert ist. Es ist nicht einmal gewiß ob dieses Schaf Weide finden oder elendiglich verhungern wird! Doch in der Beziehung mit Gott kehren wir Menschen auf den Weg des ewigen Lebens zurück, wir leben mit der größten Sicherheit, dem zukünftigen Leben in Gottes Reich und haben den allmächtigen Gott an unserer Seite, der uns in den Umständen unseres Lebens so führt wie es für uns das Beste ist. Auf unser jetziges Thema, den heilenden Glauben bezogen, bedeutet dies das Folgende. Viele Menschen leiden unter ihrer inneren Zerrütetheit und der scheinbaren Bedrohung durch diverse äußere Umstände. Durch den Glauben an Jesus bekommen wir aber Rückhalt und Orientierung durch Gottes Wort, so daß verschiedene psychische Nöte wie Depression, Orientierungslosigkeit, Zukunftsangst, unbegründete Furcht, Phobien oder Sinnlosigkeitsgefühl keine Macht mehr über uns haben.

Aber damit sind wir noch nicht am Ende unserer Überlegungen zu dem großen Themengebiet ‚heilender Glaube' angelangt. Wie wir gesehen haben, schrieb Petrus, daß uns durch die Striemen Jesu Heilung geworden ist (vgl. 2.Petrus 2,24), genau wie es von Jesaja etwa 710 v. Chr. prophetisch vorausgesehen wurde.

Eine weitere wesentliche Parallele zwischen der Prophetie Jesajas und der Erfüllung dieser Prophetie wie Petrus sie uns bezeugt, ist die Anmerkung des Apostels, daß Jesus „geschmäht, nicht wieder schmähte, leidend, nicht drohte, sondern sich dem übergab, der gerecht richtet" (1. Petrus 2,23). Was besagt dies denn anderes, als daß Jesus zwar mißhandelt wurde, aber dennoch der war, der sich dieser ungerechten Behandlung beugte und seinen Mund nicht auftat, wie das Lamm, das zur Schlachtung geführt wird (vgl. Jesaja 53,7)? Wie wir es drehen und wenden, in der

Zusammenschau von Neuem und Altem Testament wird ersichtlich, daß Jesus Christus der von Jesaja prophezeihte Gottesknecht ist, der für uns all das erwirkt hat, was Gott durch Jesajas Mund verheißen hat.

Somit wurde durch die Geißelung und die Kreuzigung Jesu die göttliche Quelle der Heilung für unser ganzes Leben erschlossen. Alles was zu unserer Heilung nötig gewesen ist, hat Jesus schon vor 2000 Jahren am Kreuz vollbracht. Wir müssen im Grunde nichts mehr dazutun, sondern dürfen diese Heilung einfach im Glauben annehmen. In Summe können wir das Mysterion der göttlichen Heilung in einem einfachen Satz zusammenfassen: ‚Jesus hat in der Vergangenheit unsere Krankheit getragen, damit wir diese Heilung in der Gegenwart im Glauben annehmen, und in Zukunft darin leben können.‘ Vergangenheit, Gegenwart und Zukunft sind für Gott keine voneinander separierten (d.h.: getrennten) Größen, sondern einander bedingende und voneinander abhängende Zeitstufen. Sie sind eine Einheit für ihn, auch wenn wir diese Einheit nicht immer erfassen können. Wo Gott Heilung spendet, spendet er Heilung auf ewig, in überzeitlicher Dimension. Wen Gott gesund macht, der ist wirklich gesund, auch wenn sein Körper noch zeitweise krank erscheint. Weiter oben habe ich bereits bezeugt, daß ich der festen Überzeugung bin, daß Gott jede Krankheit heilen möchte. Sehen wir uns einige biblische Belegstellen für diese Glaubensüberzeugung an.

In Johannes 4,46-54 lesen wir: „Er (Jesus) kam nun wieder nach Kana in Galiläa, wo er das Wasser zu Wein gemacht hatte. Und es war in Kapernaum ein königlicher (Beamter), dessen Sohn krank war. Als dieser gehört hatte, daß Jesus aus Judäa nach Galiläa gekommen sei, ging er zu ihm hin und bat, daß er herabkomme und seinen Sohn heile; denn er lag im Sterben. Jesus sprach nun zu ihm: Wenn ihr nicht Zeichen und Wunder seht, so werdet ihr nicht glauben. Der königliche (Beamte) spricht zu ihm: Herr, komm herab ehe mein Kind stirbt! Jesus spricht zu ihm: Geh hin! Dein Sohn lebt. Der Mann glaubte dem Wort das Jesus zu ihm sagte, und ging hin. Aber schon während er hinabging, kamen ihm seine Knechte entgegen und berichteten, daß sein Junge lebe. Er erforschte nun von ihnen die Stunde, in der es besser mit ihm geworden sei; und sie sagten zu ihm: gestern zur siebten Stunde verließ ihn das

Fieber. Da erkannte der Vater, daß es in jener Stunde war, in der Jesus zu ihm sagte: Dein Sohn lebt. Und er glaubte, er und sein ganzes Haus. Dies tat Jesus wieder als zweites Zeichen, als er aus Judäa nach Galiläa gekommen war." (Johannes 4,46-54) Wir lesen hier von einem Mann, der eine schlimme Extremsituation des menschlichen Lebens durchleiden mußte. Sein eigener Sohn lag im Sterben und es gab nach menschlichem Ermessen nichts, was noch für ihn getan werden konnte. Aber der Mann hatte wohl schon von Jesus und den mächtigen Zeichen die dieser gewirkt hatte gehört. So beschloß er hinzugehen um Jesus selbst zu bitten daß er kommen und seinen Sohn heilen würde. Nun lehrt uns die Bibel durch die Reaktion Jesu eine Menge über Gottes Heilungskraft. Zu einer vollständigen Heilung eines im sterben liegenden Menschen muß Jesus nicht einmal körperlich anwesend sein. Sein Wort allein genügt um jede Krankheit und jedes Gebrechen sofort zu heilen. Der Sohn des Beamten wurde aber nicht in derselben Sekunde vollständig geheilt, denn es heißt hier ja, daß der Mann die Stunde erforschte, in der es mit seinem Sohn ‚besser geworden' war. Zunächst trat also eine spontane Linderung der Symptome des Patienten auf, danach erst wurde dieser vollständig geheilt. Warum ist das so? Ich persönlich glaube, daß es so etwas wie einen Geist der Krankheit gibt, eine Art geistliche Ursache für das körperliche Gebrechen. Durch das Wort Jesu muß dieser Geist der Krankheit weichen, er verliert seine Macht über die kranke Person. Nun setzt im Körper ein Regenerationsprozeß ein, weil die Ursache der Krankheit nicht mehr vorhanden ist. Wir sehen, daß Gottes Wort uns also dauerhafte Heilung schenkt, indem das Wort des Herrn die Ursache der Krankheit besiegt und es unserem Körper so ermöglicht wieder vollständig gesund zu werden. Eine weitere biblische Belegstelle für die Tatsache daß Jesus jede Krankheit heilen möchte finden wir in Matthäus 9,35. Dort heißt es ausdrücklich: „Und Jesus zog umher durch alle Städte und Dörfer und lehrte in ihren Synagogen und predigte das Evangelium des Reiches und heilte jede Krankheit und jedes Gebrechen." Jesus heilte also nicht einfach nur eine Handvoll Menschen an eigens dafür ausgesuchten Orten, sondern JEDE Krankheit und JEDES Gebrechen in ALLEN Städten und Dörfern. Es gibt, der Lehre der Schrift zufolge, keine einzige Krankheit die dem Sohn Gottes widerstehen könnte und keinen einzigen Ort an dem Jesus nicht helfen konnte. Gott kann und

Gott will jede Krankheit, an jedem Ort heilen. Dies ist die reale Hoffnung die wir in unserer Situation, so ausweglos diese auch erscheinen mag, haben dürfen.

Rückblickend betrachtet sind also 3 Punkte wesentlich für unser Verständnis des heilenden Glaubens. a)Gott möchte jede Krankheit heilen. b)Gott hat alles was zu unserer Heilung notwendig ist bereits durch die Leidensgeschichte Jesu getan. c)Wir dürfen an diese Heilung glauben und sie so annehmen. Es ist sogar möglich Jesus stellvertretend für andere Personen um Heilung zu bitten, ob diese nun davon wissen oder nicht. Das Entscheidende ist allerdings, daß wir wirklich zu Jesus persönlich im Gebet kommen und uns nicht einfach an eine Art „unbekannte Macht" wenden. Gott ist eine konkrete Person und möchte auch als diese konkrete Person angesprochen werden. Ansonsten ist die Wahrscheinlichkeit hoch, daß unser Gebet kraftlos und ohne Wirkung sein wird. Auch wird Gott keinen frommen Kuhandel akzeptieren und eine Krankheit auf eine andere Person übertragen, wie geistlich unreife Menschen vielleicht annehmen könnten. Es ist nicht nötig, daß Einzelne versuchen die Krankheit eines anderen zu übernehmen. Jesus selbst hat diese Krankheit bereits am Kreuz getragen und so die Heilung für die konkrete Person freigesetzt. Die Krankheit ist im Grunde schon besiegt. Wir müssen diese Heilung nur noch im Glauben annehmen und realisieren, daß Gott die Erkrankung besiegt hat. Dann werden auch wir erleben, wie sterbenskranke Menschen durch das übernatürliche Eingreifen Gottes plötzlich wieder gesund werden.

Manche Menschen werden vielleicht einwenden daß Gott so vielleicht zu Lebzeiten der Apostel gewirkt hat, daß er aber heute keine Krankheiten mehr heilen möchte. Deshalb ist es wichtig, daß wir verstehen, das Gottes Wesen und sein Wille sich nicht ändern. In Hebräer 13,8 heisst es dazu ausdrücklich: „Jesus Christus (ist) derselbe, gestern und heute und in Ewigkeit." Derselbe Jesus Christus der gestern den Sohn des königlichen Beamten geheilt hat, möchte auch heute Menschn von ihren Krankheiten heilen. Derselbe Jesus Christus der vor tausend Jahren nicht einmal körperlich anwesend sein mußte um einen im Sterben liegenden Menschen zu heilen, möchte auch dir heute in deiner Situation durch die Macht seines Wortes beistehen. Gott hat zur Zeit des Alten Bundes Menschen geheilt, Gott hat in Jesus Krankheiten geheilt und Gott heilt heute immer noch Krankheiten. Heilsgeschichtlich betrachtet leben wir immer noch in der Zeit des Neuen Bundes, weil die Vollendung des Neuen Bundes im Reich Gottes noch aussteht. Daher ist es nur schlüssig anzunehmen, daß dieselben Zeichen und Wunder die Gott zur historischen Zeit der Apostel gewirkt hat auch in der historischen Zeitspanne in der wir leben geschehen werden. Dies einfach aus dem Grund, weil wir in derselben heilgeschichtlichen Periode leben, in der auch die Apostel gelebt haben, nämlich der Epoche des durch Jesus aufgerichteten Neuen Bundes Gottes mit den Menschen.

Zur Zeit der Jahrhundertwende vom 19.ten zum 20.ten Jahrhundert traten im protestantischen Raum verschiedene Erweckungsprediger auf, deren Dienst von Gott durch große Zeichen und Wunder, meistens auch Heilungen, bestätigt wurde. Diese Erweckungsprediger waren meist ganz normale Menschen, deren Leben durch die Gegenwart des lebendigen Gottes nachhaltig in positiver Art und Weise verändert wurde. Natürlich fällt es uns in unserer kritisch gewordenen Zeit schwer die simple Tatsache zu akzeptieren, daß Gott heute noch auf dieselbe Art wirkt wie zur Zeit der Apostel und Propheten. Dennoch ist es einfach so. Dies ist die logische Konsequenz der Lehre der Heiligen Schrift. Wenn Gott allmächtig ist (und das ist er!) dann muß er auch zu jeder Zeit und an jedem Ort allmächtig sein. Die Erfahrung, der Glaube und das biblische Zeugnis lehren uns, daß dem so ist. Somit haben wir also 3 Größen als Zeugen für uns, die diesen Sachverhalt übereinstimmend bezeugen. Auch das Gesetz der Wahrscheinlichkeit zeigt, daß es wahrscheinlicher ist das viele Menschen die behaupten krank gewesen zu sein und nun durch die Kraft Gottes geheilt worden zu sein wirklich von Gott geheilt wurden anstatt einen ausgeklügelten Betrug ausgearbeitet zu haben, der ihnen selbst nichts bringt, sondern im Gegenteil mit erheblich nachteiligen Auswirkungen für ihr persönliches Leben verbunden sein kann. Stellen wir uns vor wir wären völlig gesunde Menschen die plötzlich aus Jux und Tollerei heraus beschließen würden in betrügerischer Absicht eine Heilung zu fingieren. Was würde uns das bringen? Zunächst einmal wäre es für uns mit einem erheblichen Aufwand verbunden die Versammlung eines bekannten Predigers aufzusuchen und uns eine längere Predigt aus Gottes Wort anzuhören. Sodann könnten wir nicht mit absoluter Gewißheit sagen daß an jenem Tag überhaupt für Kranke gebetet würde. Letztlich hätte niemand einen Vorteil von unserer Aktion und das Ganze wäre absolut sinnlos gewesen. Aufgrund solcher Überlegungen erkennen wir aber, daß es in der Tat schlüssiger ist anzunehmen, daß die überwiegende Mehrheit der bezeugten Heilungen echte Heilungswunder durch das Wirken Gottes gewesen sind, als vom Gegenteil auszugehen. Wenn Gott also auf die Bitte eines namentlich nicht bekannten königlichen Beamten, durch das Wirken der Apostel und einiger Erweckungsprediger Heilungen vollbracht hat, warum sollten wir annehmen daß er das Gleiche nicht auch durch unser Gebet bewirken kann? Letztlich liegt die Erfüllung des Gebets nicht bei dem betenden Menschen, sondern alleine bei dem allmächtigen Gott. Gott ist die Quelle unserer Heilung, und er ist es auch, der unsere Gebete erhört.

Doch an dieser Stelle möchte ich eindringlich davor warnen, den Prozeß der Glaubensheilung oder der übernatürlichen Heilung durch Gott, gegenüber einer schulmedizinischen Behandlung ausspielen zu wollen. Wie oft hat Jesus Menschen, die sich in einem Prozeß, der ihrer Erkenntnis zufolge eine schulmedizinische Behandlungsmöglichkeit dargestellt hat, befunden haben, gerade in dieser Situation geheilt. Denken wir etwa an den Kranken am Teich Betesda. Seiner Erkentnis zufolge verfügte das Wasser, kurz nachdem es aufgewühlt war, über Heilkraft. Jesus forderte ihn nicht erst dazu auf, sein Warten auf Heilung eufzugeben, sondern fragte ihn lediglich, ob er gesund werden wolle. Von daher möchte ich Menschen, die sich in einer anerkannten, schulmedizinischen Behandlung befinden oder eine solche beginnen sollten, dazu ermutigen diese Behandlungsmöglichkeit zusätzlich zu ihrem Heilungsgebet anzutreten und im Vertrauen auf Got, trotz dieser schulmedizinischen Behandlung, standhaft im Gebet vor Gott bleiben und darauf zu vertrauen, daß Gott die Macht hat auch sie von ihrer Erkrankung zu heilen.

2.1)ERSCHEINUNGSWEISEN DER HEILUNG

Wenn wir uns mit allen Aspekten der Glaubensheilung befassen möchten, werden wir uns auch mit den verschiedenen Stufen und Arten der übernatürlichen Heilung durch Christus auseinandersetzen müssen. Zunächst ist es für uns von essentieller Bedeutung, uns die verschiedenen Formen übernatürlicher Heilungsprozesse zu vergegenwärtigen, wobei wir uns in der vorliegenden Arbeit vor allem mit der höchsten Stufe, der göttlichen Heilung durch Jesus Christus befassen möchten.

Ich bin der festen Überzeugung, daß es 2 große Heilungsprozesse gibt, zu denen wir im Glauben Zugang erhalten können. Einerseits kann eine Heilung durch das direkte Eingreifen Gottes spontan, d.h.: plötzlich erfolgen. Dieser Heilungsprozeß zieht der Erfahrung nach am meisten Aufmerksamkeit nach sich, da er am ehesten unter die umgangssprachliche Definition des Begriffes ‚Wunder' gereiht werden kann. Daneben existiert meiner Einschätzung nach ein längerer Heilungsweg, der andauernde Heilungsprozeß. An und für sich werden wir auch diesem durch Gottes Wort gestützten Heilungsprozeß seinen Wundercharakter wohlweislich nicht absprechen, er zieht aber in der Regel eher weniger Aufmerksamkeit auf sich, da er einerseits schwieriger festzustellen, andererseits weniger spektakulär erscheint als eine sofortige Spontanheilung. In weiterer Folge werden wir die biblisch bezeugten Heilungsphänomene immer unter beiden Gesichtspunkten betrachten, da von unserer Warte aus unmöglich festgestellt werden kann, ob eine scheinbar längerfristig ausbleibende Heilung wirklich keinerlei Besserung im Zustand des Kranken bewirkt hat, oder eben doch. Es wäre unter anderem ja auch denkbar, daß eine Heilung im geistigen Bereich zunächst keine unmittelbaren körperlichen Auswirkungen ausbildet, die Heilung in dieser Phase aber dennoch in der unsichtbaren Welt eingeleitet wurde.

Doch zunächst haben wir zu differenzieren zwischen verschiedenen übernatürlichen Heilungsphänomenen im Sinne der Heiligen Schrift. Das Wort Gottes gibt uns Zeugnis von 4 unterschiedlichen Heilungsstufen, nämlich

a) der Glaubensheilung,
b) der Gebetsheilung,
c) der Heilung durch eine Heilungsgabe,
d) der göttlichen Heilung (das meist durch eine Spontanheilung begleitete

‚Wunder‘).

Ad a) die Glaubensheilung

Der im vorhergehenden Kapitel skizzierte Weg der Annahme der am Kreuz durch Jesu Striemen geschaffenen Heilung, entspricht im Grunde am ehesten dem Typus der Glaubensheilung. Dies deshalb, da die Heilung hier in einem bewußten Akt der Annahme der göttlichen Heilung durch den Glauben des Menschen in unserem Leben zur Wirkung gebracht wird. Ein biblisches Beispiel für eine solche übernatürliche Glaubensheilung, ist die Heilung des heidnischen Hauptmannes Naeman, der auf die Anweisung Elisas, eines Propheten des Herrn, siebenmal im Jordan untertauchte und so von seinem qualvollen Aussatz geheilt worden ist. Naeman wird uns im 2. Buch der Könige 5,1-3 als ein aramäischer Feldherr und Kriegsheld vorgestellt, wobei die Heilige Schrift uns bezeugt, daß seine Siege und Errungenschaften nicht auf seine eigene Kampfkraft, sondern auf das Wirken des Herrn, der durch Aram sein Gericht über das abgefallene Israel ausübte, zurückzuführen sind. Dieser Mann, dessen gesellschaftliche Position am ehesten unserer Vorstellung eines Generals zu entsprechen scheint, war an Aussatz erkrankt und wurde von einer hebräischen Dienerin seiner Frau darauf hingewiesen, daß in Samaria ein Prophet des Herrn lebt, der Naeman von seinem Aussatz heilen konnte. Sogleich sandte Naeman zum König von Aram, der ihn mit üppigen Gaben ausgestattet zum König von Israel sandte. Hier erinnert uns das Handeln Naemans unter anderem daran, daß auch heute noch viele Menschen die ernstlich erkrankt sind dazu neigen, jeden ihnen Heilung versprechenden Strohhalm zu ergreifen, in der Hoffnung geheilt zu werden. Vermutlich liegt auch hier eine der Ursachen für das stetige Auftauchen sogenannter ‚Geistheiler‘ begründet, die versuchen kranken Menschen durch den Einsatz ihres eigenen Geistes Heilung oder Linderung ihrer Beschwerden zu verschaffen. Doch gerade in diesen Dingen ist Vorsicht geboten! Zum einen besteht eine nicht geringe Zahl sog. ‚Geistheiler‘ vermutlich aus gewissenlosen Scharlatanen, die um des eigenen Profits willen eine Heilungsgabe vortäuschen, zum anderen können die geschehenen Heilungen auf okkulte (also dämonische) Mächte zurückzuführen sein. Ein weiteres, und weit entsetzlicheres

Phänomen, das ich durchaus für realistisch halte, besteht in der Gefahr, daß ein Geistheiler in der Tat seine eigene Lebenskraft anzapfen kann um Menschen vorübergehende Heilung zukommen zu lassen. Doch in der Regel wird ein solcher ohne Gott ablaufender geistiger Heilungsprozeß mit hohen negativen Konsequenzen für den praktizierenden Geistheiler, wie auch seinen Patienten, verbunden sein. Soweit mir bekannt existieren auch im deutschsprachigen Raum Fälle, in denen ein Geistheiler durch den Einsatz seiner eigenen Lebenskraft nach und nach unter den Symptomen zu leiden hatte, die er durch seinen Geist bei anderen Patienten bekämpfen konnte. Deshalb ist es wichtig, daß wir nicht unseren eigenen Geist einsetzen um Menschen zu helfen, sondern nur dort wirken wo Gott durch uns wirken möchte. Alleine eine durch Gott gewirkte geistige Heilung wird auf Dauer ohne negative Konsequenzen für alle Beteiligten bleiben. Doch kommen wir vorläufig auf das Thema der Glaubensheilung und dessen Aufschlüsselung am Beispiele Naemans zurück. Naeman, der zunächst vom König Israels Hilfe erwartet hatte, mußte vorerst eine gewisse Wartezeit in Kauf nahmen, da der König über das Land Israel in der Aufforderung des aramäischen Königs seinen Hauptmann Naeman zu heilen eine versteckte Suche nach einem Kriegsgrund verborgen sah. Er zerriß seine Kleidung, was in der altisraelitischen Kultur ein Ausdruck des tiefgreifenden Entsetzens gewesen ist, mit der erschütterten Frage: „Bin ich Gott, (der die Macht hat) zu töten und lebendig zu machen, daß dieser zu mir sendet, einen Menschen von seinem Aussatz zu befreien? Ja, wahrlich, erkennt, daß er einen Anlaß (zum Streit mit) mir sucht!" (2.Könige 5,7b) Hier spielt die Schrift wohl auf den Umstand an, daß Gott der Herr der eigentliche König über Israel sein wollte und erst auf Drängen des Volkes Samuel dazu veranlaßte einen menschlichen König in Israel zu salben (vgl. 1.Samuel 8). Für Gott wäre es ein leichtes, das für Menschen unmögliche, einen Menschen von einer unheilbar scheinenden Krankheit zu befreien, zu vollbringen.

Elisa, der von diesen Umständen erfuhren hatte, veranlaßte den König von Israel dazu Naeman zu Elisa zu senden. Elisa verhieß Naeman, das er Heilung empfangen würde, so er sich siebenmal im Jordan untertauchen würde, woraufhin Naeman zunächst erzürnt das Land in Richtung Heimat verlassen wollte. Was für eine Reaktion! Weil Gott Naeman nicht auf die Art und Weise heilte, wie dieser es erwartete, wollte der Hauptmann seine Heilung und das klare Wort Gottes verwerfen und in seine Heimat zurückkehren. Doch auf das Zureden seiner Diener hin tat Naeman schließlich was ihm von Elisa durch einen Boten aufgetragen wurde, tauchte siebenmal im Jordan unter und wurde so von seiner Krankheit geheilt. Aufgrund der heilenden Erneuerung seines Leibes, bekannte sich schlußendlich auch der heidnische Naeman zu dem HERRN des Hauses Israel als zu dem einzigen, wahren und lebendigen Gott. Ja, seine Dankbarkeit dem Herrn gegenüber war so groß, daß er sogar Erde aus Israel mit sich nach Aram führen lies, um auf einem Flecken der Erde des Heiligen Landes den einzigen, wahren und lebendigen Gott anbeten zu können.

Bei all dem erkennen wir einen weiteren überzeitlichen, geistigen Zusammenhang zwischen Wort Gottes, der durch dieses Wort hervorgerufenen Reaktion des Menschen, und Gottes Handeln durch unsere Treue zu seinem Wort. Gott selbst hatte durch seinen gesalbten Propheten Elisa zu Naeman, einem gottfernen Menschen, gesprochen und ihm eine klare Anweisung gegeben, oder, wie wir auch sagen könnten, einen Auftrag erteilt. Wie für Gottes Handeln typisch offenbarte der Herr einen einfachen Ursache/Wirkung-Zusammenhang, indem er Naeman mitteilte was dieser tun sollte und wie Gott auf dieses Handeln reagieren werde. Doch der mit Gott unversöhnte Mensch Naeman reagierte auf dieses Wort Gottes zunächst mit Ärger und Ablehnung. Als er sich durch das Wort seiner Diener dann doch darum bemühte den Auftrag Gottes zu erfüllen, war Gott, so wie er es immer ist, treu zu seinem Wort und heilte Naeman augenblicklich. Als weitere Reaktion des nun mit Gott versöhnten Menschen tätigt Naeman sein Bekenntnis zu dem wahren und lebendigen Gott und lebt fortan in Beziehung zu Gott (vgl. 2.Könige 5,17). Insoferne können wir die Heilung des Naeman auch als archetypisches Urbild der christlichen Taufe sehen. Bei der Taufe im Sinne des Neuen Testamentes geht es nicht darum, eine religiöse Zeremonie an einem unmündigen Säugling zu vollziehen, sondern um einen bewußten Glaubensschritt eines mündigen Menschen, der die Wiederherstellung der Beziehung mit Gott im Leben des Menschen symbolisieren soll. Durch die Handlung des Untertauchens, wie die Taufe im Sinne der Bibel vollzogen werden muß, wird das Begräbnis des alten Menschen in Adam symbolisiert, ebenso wie das anschließende Auftauchen ein Bild für die Auferstehung des Neuen Menschen in Christus ist. Ebenso wie Naemans altes Leben des Götzendienstes und der Krankheit nach seinem siebenmaligen Untertauchen im Jordan beendet war und ein völlig neuer Lebensabschnitt der Gesundheit und des Gottesdienstes für ihn begonnen hat, beginnt auch für den glaubenden Christen nach seiner ‚Glaubenstaufe' ein völlig neues Leben in der Kraft des Auferstandenen und dem Geist Gottes.

Der Eine oder Andere mag sich die Frage stellen warum gerade die Heilung von Naeman unser Beispiel für eine Glaubensheilung sein soll, wo Gott doch eine augenscheinliche Spontanheilung gewirkt hat. Zur Beantwortung dieser Frage müssen wir folgendes bedenken: Bei jeder wirklichen übernatürlichen Heilung durch Gott, ist Gott der eigentlich Handelnde. Doch anders als bei der ‚Wunderheilung' setzt die ‚Glaubensheilung' einen passiven Beitrag des Menschen zu seiner Heilung voraus. Im Falle Naemans bestand dieser passive Anteil an der Heilung darin, dem Wort Gottes zu glauben und seiner Aufforderung entsprechend zu handeln. Von uns, und das halte ich für eine sehr entscheidende Feststellung, erwartet Gott nicht, daß wir uns siebenmal im Jordan untertauchen, sondern einfach daß wir an die heilende Wirkung des Leidens und somit der Striemen Jesu für unser Leben glauben. Gott möchte, daß wir ihm und seinem Wort unser vollstes Vertrauen entgegenbringen und den von ihm geschenkten Erkennntissen des Glaubens treu sind. Insoweit ist jede Annahme der Heilung durch Jesus auch eine Glaubensheilung in unserem Verständnis des Wortes, da sie das Vertrauen des Menschen zu dem heilungsverheißenden Worte Gottes voraussetzt.

Ad b) Die Gebetsheilung

Das Medium der sog. Gebetsheilung ist, wie der Name schon sagt, das Gebet. Diese Form der Heilung wird heutzutage vor allem in Heilungsräumen oder Heilungsgemeinschaften des freikirchlichen Umfelds angestrebt. Diese Heilungsräume dienen vor allem dem Gebet für kranke Menschen. In ihnen wird durch ein eigens geschultes Team für die den Heilungsraum aufsuchenden Menschen gebetet. In Treue zu Gott praktizieren die Teams dort unter anderem auch die Praxis des Salbens mit Öl, worauf wir an späterer Stelle in diesem Abschnitt noch Bezug nehmen werden. Die Heilungsgemeinschaften stellen eine im hauskirchlichen Raum verbreitete Weiterentwicklung des Heilungsraumes dar, in dem bekennende Christen nicht alleine für Heilungssuchende beten, sondern die Heilung auf das gesunde Fundament einer lebendigen Beziehung mit Gott zu stellen versuchen. Keith Smith, einer der Pioniere der Hauskirchenbewegung auf europäischem Boden, meinte dazu einmal sinngemäß: „Wenn die große Sache, die Beziehung mit Gott wiederhergestellt ist, ist es für Gott eine recht kleine Sache auch den Körper eines Kranken in seiner Gesundheit wiederherzustellen." Anders als in den Heilungsräumen bieten die Heilungsgemeinschaften die Möglichkeit eine 100%ige Entscheidung für den hilfesuchenden Menschen zu treffen und ihm in seiner Not auch längerfristig beizustehen. Unter anderem laden sie den Heilungssuchenden bzw. den später geheilten Menschen dazu ein, voll in ihre hauskirchliche Gemeinschaft integriert zu werden, da ja Gemeinschaft mit anderen Christen wie in Apg. 2,42 erwähnt, eines der neutestamentlichen Kennzeichen der Kirche ist. Selbst wenn wir nur von materiellen Gesichtspunkten ausgehen würden, wäre alleine durch die Integration des Menschen in eine Gemeinschaft ein wesentlicher Schritt zur Besserung des Zustandes der betreffenden Person getan und zumindest einmal seine soziale Isolation, zu der chronische Erkrankungen mitunter auch führen können, beendet.

Doch da wir nicht nur von den materiellen Begebenheiten des alltäglichen Lebens ausgehen, ist für uns vor allem die geistliche Dimension des Heilungsgebetes interessant. Das Neue Testament kennt im Grunde eine Menge von Gebetsheilungen, da das Gebet in seinem fürbittenden Charakter in erster Linie eine Bitte an Gott um Heilung für eine bestimmte Person darstellt. Wenn wir aufmerksam die biblische Überlieferung studieren, werde wir feststellen daß Jesus viele der bezeugten Heilungswunder auf die Bitte eines Menschen für eine ihm nahestehende Person hin gewirkt hat. Die heilige Schrift lehrt uns, daß Gott denen gerne gibt, die ihn bitten. Daher ist es nur schlüssig anzunehmen, daß Gott auch auf unsere Bitten reagieren und einer Person für die wir Fürbitte leisten, und der wir im Gebet dienen, Heilung schenken wird.

Ein neutestamentliches Beispiel für eine Gebetsheilung in diesem Sinne, wäre meiner Einschätzung nach eines der im Evangelium nach Matthäus bezeugten Heilungswunder Jesu, genauer gesagt eine der übernatürlichen Heilungen welche die Jünger nicht vollbringen konnten, obwohl sie sonst durch ihren Glauben dazu in der Lage waren Großes zu bewirken. In einem Falle aber, als der Vater eines fallsüchtigen Kindes hilfesuchend mit seinem Sohn zu den Jüngern kommt, konnten diese dem Kind nicht helfen, woraufhin ein ,großer Streit' mit Schriftgelehrten losbrach. Die Schrift lehrt uns hier (Mt. 9,14-29), daß die Ursache für die Erkrankung des Kindes nicht auf der körperlichen, sondern auf der geistigen Ebene zu suchen war. Ein Dämon hatte von dem Kind Besitz ergriffen und peinigte es, indem er es bald hierhin, bald dorthin, bald ins Feuer und bald ins Wasser geworfen hatte. Das Ziel des Dämons war also offenkundig nur eines: dem Kind zu Schaden und die Familie zu quälen so gut es nur ging. Der Vater des Kindes bittet Jesus in Vers 22 ihnen zu helfen ,wenn' Jesus dies könnte. Christus antwortete dem Vater daraufhin mit der Frage: „Wenn du kannst? Dem Glaubenden ist alles möglich." (vgl. Mt. 9,23). Schließlich reagiert Jesus auf den verzweifelten Hilferuf des Vaters und befreit das Kind von dem arglistigen Dämon. Später, als seine Jünger ihn fragten warum sie den Dämon nicht austreiben konnten, lehrte Jesus sie: „Diese Art kann durch nichts ausfahren als nur durch Gebet." Spätere Handschriften fügen weiters hinzu: ,und Fasten'. Wie auch immer, wir sollten uns nicht in Diskussionen darüber verlieren, ob die Art dieser bösen Plagegeister nun alleine durch Beten oder alleine durch Fasten und Beten ausgetrieben werden könnte, sondern uns die Frage stellen woraufder Fokus des Handelns und Lehrens Jesu hier gerichtet ist. Der Kommentar zur Elberfelder Jubiläumsbibel erkennt hier richtig, daß Beten und Fasten unter anderem ein Weg sind um unseren Glauben an Gott zu vertiefen und so in der Beziehung mit Gott zu wachsen. Die Kommentatoren schießen meiner Ansicht nach aber über das Ziel hinaus, wenn sie meinen, daß mit Gebet und Fasten einem dämonischen Wirken nicht beizukommen wäre. Natürlich sind Beten und Fasten ohne Glauben wirkungslos und stellen in einer glaubenslosen Version sogar ein sündiges Verhalten dar, da ja alles was ohne Glauben geschieht Sünde ist, wie Paulus im Römerbrief (Röm. 14,23b) geschrieben hat. Doch wie so oft, sollten wir hier das eine (Beten und Fasten) nicht gegen das andere (Glauben) ausspielen, sondern die geistlichen Zusammenhänge erfassen. Jesus lehrte die Jünger doch, daß jeder der bittet auch empfangen wird (vgl. Mt. 7,7) und daß wir alles, was wir ‚glaubend im Gebet begehren‘ (vgl. Mt. 21,22) auch bekommen werden. Ich denke hier, in der oben angesprochenen biblischen Überlieferung, ist das Verhalten des Vaters des Kindes von entscheidender Bedeutung für unser Verständnis des Geschehens. Dieser bittet Jesus wörtlich seinem Unglauben zu helfen, woraufhin Jesus das Kind heilt. Vor diesem Hintergrund betrachtet liegt doch der Schluß nahe, daß wir das Gebet und das Fasten zusammen mit unserem Glauben im Heilungsgebet einsetzen können. Und liegt es nicht nahe daß wir, wenn wir für einen Kranken beten und scheinbar nichts geschieht, im Stillen Kämmerlein unseres Herzens um eine Stärkung unseres Glaubens bitten sollten? Ein solches Vorgehen hat doch zwei große Vorteile: auf der einen Seite wirken wir so etwaigen aufkommenden Zweifeln aufgrund der Tatsache daß wir noch nicht unmittelbar sehen was wir erbeten haben entgegen, auf der anderen Seite wird unser Glaube wachsen und so die Wahrscheinlichkeit, daß wir die Wirkung unseres Gebets erfahren werden, erhöht. Wir dürfen den Glauben haben, daß unser Gebet wirkt und das Jesus es erhört hat und wirken wird. Wir dürfen den Glauben haben, daß Kranke, für die gebetet wird, unmittelbar daraufhin gesund werden. Hier möchte ich noch eine Erfahrung aus der Praxis weitergeben. Wenn wir schon unter Handauflegung um die Heilung eines Kranken beten, so sollten wir nicht den Fehler machen diese unmittelbar nach unserem Gebet wieder in Zweifel zu ziehen indem wir permanent nachfragen: ‚Geht es dir nun wirklich besser? Echt? Hat das geholfen? Bist du sicher?‘ Wenn ein Kranker uns eine Besserung seines Zustandes bezeugt, ist es weit besser seinen Glauben zu stärken und weitere Heilungszeugnisse aus der Schrift ins Gespräch zu bringen oder gleich Gott dem Herrn im Gebet für die geschehene Heilung zu danken. Ein weiterer Fehler der im Zusammenhang mit Heilungsgebeten oft begangen wird, ist den Kranken unbedachterweise unter Streß zu setzen, indem man ihm permanent programmatische Sätze um die Ohren haut, wie etwa: „Jetzt wirst du gesund! Du wirst gesund. Jetzt! Nun werde doch endlich gesund!“ oder ihm aufgrund seiner Suche nach Heilung negative Absichten unterstellt: „Ach XY wir haben schon so oft für dich gebetet! Du willst wieder nur im Mittelpunkt stehen und dich wichtig machen. Sowas kennen wir schon. Dafür beten wir sicher nicht noch einmal." etc. Wenn wir beten und Gott der heilungssuchenden Person Hilfe zukommen läßt, sollten wir Gottes Weisheit loben und ihm danken, wenn die Heilung aber vorerst auszubleiben scheint sollten wir uns ebenso der größeren Weisheit Gottes unterordnen und im Vertrauen auf sein Handeln, seine Weisheit und sein Wort weiterhin für den Kranken beten.

Mir persönlich ist ein Fall bekannt in dem zwei Jahre lang (!) immer wieder in der Gemeinde für einen kranken Bruder gebetet wurde, bis Gott diesen schlußendlich von seinem Leiden befreit und ihn wieder voll hergestellt hat. Ein solches andauerndes Gebet ist ein wahrhaftiges Zeugnis von christlicher Nächstenliebe und echtem, hingegeben Glauben, wie wir ihn uns von den Gemeinden weltweit in einem wesentlich höheren Maße erwarten sollten.

Im Jakobusbrief finden wir eine biblische Aufforderung für Kranke zu beten, wenn es heißt: „Leidet jemand unter euch? Er bete. Ist jemand guten Mutes? Er singe Psalmen. Ist jemand krank unter euch? Er rufe die Ältesten der Gemeinde zu sich, und sie mögen über ihm beten und ihn mit Öl salben im Namen des Herrn. Und das Gebet des Glaubens wird den Kranken retten, und der Herr wird ihn aufrichten, und wenn er Sünden begangen hat, wird ihm vergeben werden. Bekennt nun einander die Sünden und betet füreinander, damit ihr geheilt werdet! Viel vermag eines Gerechten Gebet in seiner Wirkung." (Jak. 5,13-16) Jakobus wendet sich in diesem Abschnitt seines Briefes nicht nur an die Gemeinde als Leib Christi, sondern auch an jedes glaubende Individuum. Er spricht jeden einzelnen Glaubenden an und ruft ihn dazu auf sich seiner Situation entsprechend vor Gott zu verhalten. Er lehrt uns, daß jeder der leidet beten soll, jeder der guten Mutes ist Gott loben soll und jeder der krank ist den geistlichen Beistand der Ältesten seiner Gemeinde suchen soll. Da in der Heiligen Schrift vorausgesetzt wird, daß jeder Älteste einer Gemeinde ein geistlich bewährter Mann und reifer Christ ist, erklärt Jakobus, daß das Gebet eines solchen Mannes des Glaubens viel bewirken kann und vergleicht den Dienst der Christen im kommenden Vers (Jak, 5,17-18) mit dem Dienst Elias, des Lehres Elisas. Der Apostel spricht hier (Vers 15-16) auch den geistigen Zusammenhang von Sünde und Krankheit an. Eine Krankheit an der wir leiden, kann unter anderem auch eine Züchtigung die uns von Gott her ereilt wird, darstellen, um uns dazu zu bewegen von einer immer wiederkehrenden sündhaften Tätigkeit abstand zu nehmen und zu Gott unserem Vater umzukehren. Da die Sünde den Geist des Todes darstellt, beinhält jede sündhafte Handlung auch den Keim des Todes, der sich in Gestalt einer Erkrankung in unserem Leben manifestieren kann. In diesem Sinne wäre die Krankheit die uns ereilt, nicht von Gott gesandt, sondern lediglich von ihm zugelassen worden, damit wir zum Heil unserer Seelen unsere Beziehung zu Gott überdenken können. Trotz allem ist es definitiv nicht Gottes Wille, daß wir uns in einem leidenden Zustand der Krankheit befinden, sondern daß wir gesund und befreit leben können. Deshalb weist Jakobus uns darauf hin, daß wir uns gegenseitig unsere Sünden bekennen sollen um in der Realität der Vergebung durch Jesus leben zu können. Er weist uns hier im Grunde direkt auf eine sehr zentrale Lehre im ersten Johannesbrief hin, wo es heißt: „Wenn wir unsere Sünden bekennen, ist er (Jesus) treu und gerecht, daß er uns die Sünde vergibt und uns reinigt von jeder Ungerechtigkeit." (vgl. 1.Joh. 1,9). Die Schrift verheißt uns hier zweierlei: Jesus wird uns, wenn wir unsere Sünde bekennen, diese sündhafte Handlung vergeben und uns von einem Verharren in einer der Handlung zugrunde liegenden sündhaften Festlegung bzw. Lebensweise befreien, denn Johannes hat ja geschrieben daß er uns von JEDER UNGERECHTIGKEIT reinigen wird. So werden sowohl Ursache (Ungerechtigkeit) als auch Handlung (Sünde) vergeben, woraufhin auch die Konsequenz dieser Haltung (etwa Krankheit) ihren Nährboden verlieren und schlußendlich verschwinden wird. Das im Jakobusbrief gelehrte Salben des Kranken mit Öl durch die Gemeindeältesten, dient als zeichenhaft-sakrale Handlung der Vergegenwärtigung der Wirksamkeit des Heiligen Geistes und der sinnbildlichen Veranschaulichung seines Heilswirkens am erkrankten Glaubenden. Jakobus, der Bruder des Herrn, schreibt hier in der Gewißheit, daß das Gebet des Glaubens den Kranken retten wird, so daß Jesus selbst den Kranken aufrichten wird, womit seine Heilung oder zumindest die Abwehr des schlimmsten Falles (Tod des Kranken) verheißen ist. Gott ist

Leben, und wenn wir uns seinem Geist öffnen, laden wir den Geist des Lebens, den Heiligen Geist selbst dazu ein in uns zu kommen und uns mit seiner Kraft wieder aufzurichten. Deshalb liegt die Ursache der erfolgten Heilung durch das Gebet des Glaubens wiederum nicht bei Menschen, sondern beim souveränen Heilshandeln Gottes, der, und davon dürfen wir absolut überzeugt sein, in jeder Situation die für die Betreffenden beste aller Lösungen zur Wirksamkeit bringen wird.

Ad c) Heilung durch eine Heilungsgabe

Im NT finden wir vor allem in der Apostelgeschichte im Auftrag Jesu begründete Heilungen durch die übernatürliche Heilungsgabe von Gott. Heilungen die auf diese Weise stattfinden haben die Eigenart, daß Gott hier durch die Hände und die Worte eines gesalbten Menschen einen heilungsbedürftigen Menschen von seiner Krankheit befreit. So hat Gott den Apostel Petrus mit einer solchen Heilungsgabe gesalbt, daß sogar jene geheilt wurden auf die nur sein Schatten gefallen ist (vgl. Apg. 5,14-16) und auf ähnliche Weise auch Paulus, durch dessen Schweißtücher Kranke geheilt und von Dämonen befreit wurden (vgl. Apg. 19,11-12). Daß sich dann daraus, vor allem im katholischen Raum, die unselige Reliqiuenverehrung entwickelt hat, können wir nur als fatale Fehlentwicklung der Kirchengeschichte ansehen, denn in diesen biblischen Belegstellen geht es nicht darum, daß den Gegenständen welche die Apostel berührt hatten eine besondere Huldigung oder gar Verehrung zugekommen wäre, sondern lediglich um die praktische Auswirkung, welche die Gegenstände durch die Heilungsgabe der Apostel zum Nutzen der Menschen hervorgerufen haben. Auch wenn die in der Apostelgeschichte überlieferten Taten der Apostel von unserer Erfahrung abweichen, so kann doch grundsätzlich jeder Christ um Heilung eines Menschen beten und die heilende Kraft Gottes in seiner Situation, seinen Lebensumständen suchen und – wie wir glauben – eines Tages auch finden. In einigen Fällen kommt der Heilige Geist aber in einer solchen Intensität auf einen Glaubenden, daß seine heilende Kraft im wahrsten Sinne des Wortes überfließt. In Markus 16,18 verheißt Jesus allen Glaubenden, daß

Kranke sich wohl befinden werden, indem sie diesen ihre Hände auflegen. Deshalb bin ich der festen Überzeugung, daß in jedem bekennenden und wahrhaft wiedergeborenen Christen der auf Gott vertraut eine solche Heilungsgabe schlummert, die darauf wartet zur rechten Zeit in Aktion gebracht zu werden. Aus der Erfahrung in meinem Leben mit Gott kann ich berichten, daß die Dinge einfach so kommen wie Jesus Christus sie in seinem Wort verheißen hat. Ich erinnere mich an eine Begebenheit als meine Großmutter mütterlicherseits im Krankenhaus lag und sich – da sie bereits etwas verwirrt zu sein schien – die Infusionsnadel herausziehen wollte. Ich weiß nicht mehr warum ich so handelte wie ich es tat, doch instinktiv kam mir diese Verheißung des Herrn in den Sinn und so legte ich meiner Großmutter die Hände auf. Daraufhin entspannte sie sich und meinte nur noch „Der Markus hat's gerichtet. Jetzt passt's". Was sollen wir dazu noch sagen? Sie hat sich wohl befunden, dem Herrn sei Dank dafür.

Das alles ist natürlich immer noch nur ein relativ unbedeutendes Geschehen im Vergleich zu den gewaltigen Zeichen und Wundern, die Gott durch die Hände der Apostel gewirkt hat. Sieh es doch einfach als eine Ermutigung, dich auf die Verheißungen Jesu zu stützen und mutig im Glauben vorwärts zu gehen. Ich bin der Ansicht, daß wir im Westen auch wieder in tiefere Dimension des Glaubens und des Vertrauens auf Gott vorstoßen werden, wenn wir wieder lernen in der völligen Hingabe und Abhängigkeit von Gott zu leben. Wir werden nicht in erster Linie einem rein verstandesmäßig begründeten wischi-waschi Glauben anhängen, sondern wieder in die Dimension des Kraftes der Gottseligkeit vorstoßen, um Jesus Christus nicht nur in Worten, sondern in Erweisen des Geistes und der Kraft nachzufolgen und so dem Herrn wieder in derselben Vollmacht zu dienen, wie es für die Gemeinde zur Zeit der Apostel typisch gewesen ist.

Ad d) Heilung durch das unmittelbare Eingreifen Gottes

Die heilende Kraft Jesu, der kranke Menschen direkt und unmittelbar von ihren Erkrankungen befreit, ist die uns im NT wohl am nachdrücklichsten überlieferte Form übernatürlicher Heilung. Auf einem Kongress hörte ich einmal das Lebenszeugnis einer Frau die der Herr auf übernatürliche Weise von Multipler-Sklerose befreit hat. Sie meinte damals, daß Jesus ungefähr auf jeder zweiten Seite der Evangelien mindestens einen kranken Menschen geheilt hat und obwohl ich es nicht persönlich nachgeprüft habe, denke ich daß diese Schätzung in etwa zutreffen könnte. Heilungen hatten ihren festen Bestandteil im irdischen Dienst Jesu, in seinem Leben und Wirken als Mensch unter uns Menschen. Schon als Jesus sein Wirken begonnen hat, waren Krankenheilungen ein Bestandteil seiner Mission. Jesus kündigte sein künftiges Wirken im Evangelium nach Lukas mit einem Zitat aus dem Alten Testament an (genauer Jesaja 61,1-2 mit geringfügigen Abweichungen). „Der Geist des Herrn ist auf mir, weil er mich gesalbt hat, Armen gute Botschaft zu verkündigen; er hat mich gesandt, Gefangenen Freiheit auszurufen und Blinden, daß sie wieder sehen, Zerschlagene in Freiheit hinzusenden, auszurufen ein angenehmes Jahr des Herrn." (vgl. Lk. 4,18-19) In weiterer Folge verkündete Jesus, nachdem er den Dienern der Synagoge die Schriftrolle aus der er zitiert hatte zurückgab, daß diese Verheißung des wahren und lebendigen Gottes vor ihren Augen in Erfüllung gegangen war. Was muß das für diese Leute bedeutet haben! Das Volk von Israel, das zu diesem Zeitpunkt seit Jahrhunderten auf den Messias wartete, erfährt hier in einem Synagogengottesdienst (nicht etwa im Tempel wie man es in begrenzter menschlicher Sichtweise erwarten würde), daß die Stunde der Erfüllung dieser zentralen messianischen Prophetie nun gekommen war. Auch als Johannes der Täufer seine Jünger sandte um in Erfahrung zu bringen ob Jesus der verheißene Gesalbte Gottes war antwortete Jesus: „Blinde werden sehend, und Lahme gehen, Aussätzige werden gereinigt, und Taube hören, und Tote werden auferweckt, und Armen wird gute Botschaft verkündigt!" (Mt. 11,5) Jesus antwortete so auf die Frage des Täufers mit einer Zusammenfassung verschiedener alttestamentlicher Verheißungen die auf das Kommen des Messias hinweisen sollten. Es waren sozusagen Kennzeichen an denen das Handeln des Messias erkennbar werden sollte und die ihn als den wahren, von Gott gesandten Erlöser und Befreier Israels ausweisen sollten. Wir wissen nicht ob Johannes, der von Herodes inhaftiert und anschließend hingerichtet worden ist, unter Umständen in seiner Zeit im Gefängnis noch eine prophetische Vision erfahren hat, die ihn an die alttestamentlichen Verheißungen erinnern sollte, oder ob diese Vision der für ihn ausschlaggebende Grund dafür gewesen ist seine Jünger zu Jesus zu senden. Eine andere Erklärunsmöglichkeit für das Handeln des Täufers könnte darin bestehen, daß Johannes, der als asketischer Wüstenprediger Großes mit Gott erlebt haben dürfte, nun im Gefängnis von Zweifeln im Hinblick auf seine Einschätzung der Sachlage heimgesucht worden ist. Wir wissen nicht, warum genau Johannes seine Jünger zu Jesus sandte um nachzufragen ob er der Kommende wäre. Wir haben auch keine nähere Kenntnis darüber, warum die Jünger des Johannes Jesus fragten ob er ‚der Kommende' sei und ihn nicht direkt auf seine Messianität angesprochen haben. Wollten sie wissen ob er der Kommende, im Sinne des kommenden Gottesknechtes oder der Kommende im Sinne des in Herrlichkeit kommenden, lebendigen Gottes war? Beide Deutungen wären vom biblischen Befund ausgehend zulässig, auch wenn die zweite dieser Auslegungsmöglichkeiten uns eine gänzlich neue Dimension in unserem Verständnis des Verhältnisses von Johannes und Jesus eröffnen könnte und ein weiteres Indiz für die Wahrheit der Trinitätslehre wäre. Nichtsdestoweniger hat Jesus sich durch diese Zeichen der Heilung vor aller Welt als gesalbter Gottesknecht zu erkennen gegeben und so seine Gottessohnschaft durch seine heilende Vollmacht ein für allemal bestätigt und, wenn man so will, bewiesen, sowie sich durch die Offenbarung des Johannes als der Kommende, der lebendige und seine Herrschaft aufrichtende Gott zu erkennen gegeben.

Es gehört, so möchte ich sagen, zur Natur Gottes mit Kranken Menschen mitzufühlen und ihnen übernatürliche Heilung zukommen zu lassen. Jesus Christus, der nach der Himmelfahrt immer noch lebt und ewig der unveränderliche und verherrlichte Christus ist, möchte dir auch heute noch helfen und deine Krankheit heilen. Seine Macht hat keine Grenze, seine Weisheit kein Ende. Dies ist die Verheißung die ich dir, lieber Leser, am Ende dieses Kapitels über die übernatürliche Heilungskraft Gottes mitgeben möchte. Sei guten Mutes, denn unser Herr möchte auch dir, deinen Freunden und deiner Familie Hilfe durch seine übernatürliche Macht und Herrlichkeit zukommen lassen. Du darfst dies im Glauben an Gottes Wort annehmen und erleben wie auch in deinem Leben übernatürliche Zeichen und Wunder geschehen werden, was immer dein

Leiden auch sein mag, der Herr hat eine Antwort für dich und dein Gebet. Hallelujah! Amen.

3.)Der rettende Glaube

Wie im vorliegenden Text bereits immer wieder angeklungen ist, hängt unser Glaube eng mit unserer Errettung und der damit verbundenen Gabe des ewigen Lebens zusammen. Wie genau diese soteriologische (d.h.: diese auf die Errettung bezogene) Funktion des persönlichen Glaubens aussieht, wollen wir uns nun näher ansehen. In Johannes 3,16 lesen wir: „Denn so hat Gott die Welt geliebt, daß er seinen eingeborenen Sohn gab, damit jeder, der an ihn glaubt, nicht verloren geht, sondern ewiges Leben hat." Aus dieser wunderbaren Zusammenfassung des Evangeliums erkennen wir 4 Elemente die für unsere Errettung von entscheidender Bedeutung sind. a)'Denn so hat Gott die Welt geliebt...' Kein Mensch kann sich das ewige Leben verdienen. Es ist ein Geschenk Gottes, das er aufgrund seiner heiligen Liebe zu uns, allen Menschen zu allen Zeiten anbietet. Ob der Mensch dieses Geschenk annehmen möchte um ewiges Leben zu empfangen muß jeder Mensch aber für sich selbst entscheiden. b)'...daß er seinen eingeborenen Sohn gab...' Die Errettung ist kein Akt der billigen Gnade, wie vor allem in der landeskirchlichen Theologie der neueren Zeit immer wieder behauptet wird, sondern sie war Gott extrem teuer. Sie war ihm so teuer, daß er seinen eingeborenen Sohn hingegeben hat, damit wir ewiges Leben haben dürfen. Wir sind Gott so teuer, daß er selbst in Jesus den Tod am Kreuz auf sich genommen hat, damit wir durch ihn leben dürfen. c) ‚...damit jeder, der an ihn glaubt, nicht verloren geht....' Der von Gott getrennte Mensch lebt realistisch betrachtet in der Gefahr verloren zu gehen. Er lebt in der Gefahr in den Analen der Geschichte nicht einmal mit einem Randvermerk erwähnt zu werden. Er lebt in der Gefahr für immer in einem Zustand der Verzweiflung und der Selbstanklage von Gott getrennt zu sein. Er lebt in der Gefahr, in der Hölle zu enden. Er hat jedoch auch die einzigartige Möglichkeit in die Gemeinschaft mit Gott durch den Glauben an Jesus zurückzukehren und so die sog. Heilsgewißheit zu erlangen, um auf ein ewiges Leben im Reich Gottes hinzuleben. d) ‚...sondern ewiges Leben hat." Wer an Jesus glaubt, erlebt wie das ewige Leben in ihm Gestalt gewinnt. Er erlebt eine tiefgreifende Veränderung seines inneren Wesens und erfährt wie Gottes Ziele und Gottes Wille ihm immer wichtiger werden. Er lernt zu unterscheiden zwischen ‚gut' und ‚böse' in dem Sinne, daß er den ‚Geist' einer Sache, d.h.: deren innere Natur zu erkennen und einzuschätzen lernt. Er erlebt eine enorme Lebensfreude und Liebe zu Gott und zu anderen Menschen. Und er erlebt, was Mesnchsein eigentlich bedeutet.

Ich habe mir immer wieder die Frage gestellt, was genau die Wendung ‚verloren gehen' eigentlich bedeutet. Im Laufe der Kirchengeschichte wurde darunter oft in erster Linie die ewige Verdammnis im Sinne einer ewigen Strafe für den sündigen und mit Gott unversöhnt gebliebenen Menschen verstanden. Ich denke aber, daß die hier angesprochene Gesamtproblematik noch viel tiefgreifender ist. Wir verstehen besser, was mit der Verlorenheit gemeint ist, wenn wir uns kurz die heilsgeschichtliche Gesamtsituation vor Augen führen. Im Grunde ist die gesamte biblisch bezeugte heilsgeschichtliche Überlieferung aufgespannt zwischen der vollkommenen Schöpfung im Urstand und der vollendeten und wieder vollkommenen neuen Schöpfung im Reich Gottes. Alles was dazwischen geschehen ist, ist die Geschichte einer göttlichen Rettungsmission mit dem Ziel allen Menschen das ewige Leben, ihre Errettung ins Reich Gottes zu ermöglichen. Als Gott die Welt im Urstand erschaffen hat, hätte es meiner Einschätzung nach eine spezifische Abstammungslinie von Adam, dem ersten Menschen, an gegeben, die in einer göttlich bestimmten Abfolge aufeinander bezogen gewesen wäre. Da aber durch die entstandene Trennung zwischen Gott und dem Menschen der Tod in die Welt kam, geriet diese Abstammungslinie durcheinander. Menschen, die eigentlich hätten gezeugt und geboren werden sollen, gingen durch den plötzlichen Tod ihrer Stammeltern im Laufe der Geschichte verloren, weil sie nie geboren wurden. Dies ist eine mögliche und sogar wahrscheinliche Bedeutung des Begriffes ‚verloren gegangen', die sich auf jene bezieht, die verloren gingen weil sie nie anfangen konnten zu existieren. Millionen von Menschen gingen nur deshalb verloren, weil ihre potentiellen Eltern zur falschen Zeit am falschen Ort waren und dort ihr Leben gelassen haben. Können wir uns das so entstandene Drama in seinem vollen Ausmaß vergegenwärtigen? Wir sehen, es geht nicht um eine graue Theorie, die Gelehrte in ihren stillen Kämmerchen zusammengezimmert haben, oder eine unaufgeklärte Theorie, die wir milde Belächeln könnten. Es geht um ein Drama in der Geschichte der Menschheit, dem gegenüber der Holocaust mit all seinem entsetzlichen Schrecken beinahe harmlos erscheint. Der Sündenfall hatte für die gesamte bewohnte Erde entsetzlichere Folgen als alle danach entstandenen Greueltaten der sündigen und gefallenen Menschheit zusammen, denn hier, in der Übertretung Adams, haben alle weiteren monströsen Verbrechen der Menschheitsgeschichte ihre gemeinsame Wurzel. Es existiert nur deshalb so viel unaussprechliches Leid in der Welt, weil die Sünde in der Welt existiert. Wir sehen also, die Schrift enthält Hinweise auf den Zustand der Verlorenheit, die zu schrecklich sind um von uns verstanden zu werden. Es gibt Menschen, die verloren gehen weil sie nie leben durften. Zudem lehrt die heilige Schrift daß es Menschen gibt, die für das ewige Leben auf ähnliche Weise verloren gehen, weil sie sich nicht dazu entschieden haben das göttliche Geschenk der Errettung für sich anzunehmen. Sie wurden zwar geboren und haben ein Leben gelebt, wollten aber bewußt nicht in das Reich Gottes eingehen. Ich sage es noch einmal in alle Klarheit: Gott möchte, daß alle Menschen das ewige Leben erhalten können. Dennoch respektiert Gott die Entscheidung der Menschen die ohne ihn dahinvegetieren möchten. Er legt uns in der Heiligen Schrift beide Alternativen vor: ewiges Leben mit Gott durch Jesus ODER ewige Verlorenheit ohne Jesus. Die Entscheidung liegt dann aber bei uns, ebenso wie die daraus sich ergebenden - ewigen - Konsequenzen.

Ein weiterer Begriff, den wir uns hier näher ansehen möchten, ist die Verdammnis. Viele Menschen verstehen darunter ein in der Zukunft stattfindendes Urteil Gottes über den Menschen. Die Sachlage stellt sich uns aber wieder ein wenig komplexer dar. Jesus selbst beauftrage die Jünger: „Geht hin in die ganze Welt und predigt das Evangelium der ganzen Schöpfung! Wer gläubig geworden und getauft worden ist, wird errettet werden, wer aber ungläubig ist, wird verdammt werden." (Mk 16,15b-16) Die Verdammnis ist also real, sie ist keine religiöse Fiktion. Auf den ersten Blick müssen wir, ausgehend von Mk. 16,16 annehmen, daß die Verdammnis in der Tat ein erst in der Zukunft stattfindendes Ereignis ist. Wie bei allen schwer zu verstehenden Lehren der Bibel, sind wir aber auch hier darauf angewiesen diese Stelle in ihrem Zusammenhang mit der biblischen Gesamtüberlieferung zu sehen. In Johannes 3,17-18 lesen wir: „Denn Gott hat seinen Sohn nicht in die Welt gesandt, daß er die Welt richte, sondern daß die Welt durch ihn errettet werde. Wer an ihn glaubt wird nicht gerichtet, wer aber nicht glaubt ist schon gerichtet, weil er nicht geglaubt hat an den Namen des eingeborenen Sohnes Gottes." Hier sehen wir, daß die Verdammnis, ähnlich der Errettung, eine schon in diesem Leben erfahrbare Weise der Lebensführung ist, denn Johannes hat uns ja überliefert, daß jeder der nicht an Jesus glaubt ‚schon gerichtet' im Sinne von ‚bereits verurteilt' ist. Zwar steht die endgültige Durchsetzung von Gottes Urteil über den Menschen vorläufig noch aus, was den Sinn hat, daß der betreffende Mensch Zeit seines Lebens noch zu Gott umkehren kann, dieses Urteil ist aber schon von jeher beschlossen und bezieht sich auf das Erleiden des sog. Zweiten Todes der in der Offenbarung des Johannes beschrieben wird. Ich persönlich denke aber nicht daß dieser zweite Tod einer ewigen Bestrafung des sündigen Menschen gleichkommt. Natürlich ist er in seiner Dauer ewig, weil es aus ihm keine uns bekannte Auferstehung mehr gibt, aber das bedeutet nicht zwangsläufig, daß das Bewußtsein des Menschen in ihm ewig gequält wird, auch wenn dies die übliche Deutung dieser biblischen Zusammenhänge ist. Ein solches bewusstes Erleiden einer ewigen Strafe wartet zwar auf den Teufel selbst und seine gefallenen Engel (=Dämonen), diese sind aber im Gegensatz zu dem sterblichen, sündigen Menschen Geistwesen die vielleicht sogar von ihrer Natur aus ewig Leben. Es ist also denkbar, daß diese den zweiten Tod auf schrecklichere Art und Weise erleben werden als die zu ihm verurteilten Menschen. Dennoch müssen wir uns der biblischen Gesamtüberlieferung und der in ihr geschilderten Sachlage stellen. Es ist in der Tat möglich, daß der zweite Tod einen ewigen Aufenthalt in dem sog. Feuersee bedeutet, auch wenn wir dies mit unserem natürlichen Verstand nicht völlig erfassen können. Vielleicht erkennt der eine oder andere, der dem Glauben und Gott bisher als etwas für ihn unbedeutendem gegenübergesatnden ist hier, welch dringliche Relevanz die biblische Überlieferung auch für ihn, seine Seele und sein ewiges Heil besitzt. Es gibt Himmel und es gibt Hölle. Es sind reale Orte von denen die Schrift hier spricht. Unser ganzes Lebens ist auf einen dieser Orte ausgerichtet. Gerade in diesem Moment wünschen sich viele

Seelen nicht verloren zu gehen, sondern ewiges Leben zu erlangen. Und DU hast jetzt die Möglichkeit dazu. Wirst du sie nutzen? Glaube an Jesus und du wirst gemäß des Zeugnisses Johannes' nicht gerichtet werden und verloren gehen, sondern begnadigt sein und ewiges Leben haben.

So schrecklich und traurig die Existenz der Hölle und die Verlorenheit vieler Menschen letztlich ist, wir dürfen nicht vergessen, daß das Evangelium aus seinem Wesen heraus keine Drohbotschaft, sondern eine Frohbotschaft ist. Sie lautet: Gott liebt dich! Du darfst ewiges Leben haben! Gott hat alles nötige unternommen, damit wir Menschen den zweiten Tod gar nicht erst fürchten müssen, sondern vor ihm errettet sein dürfen. Alles was wir noch tun müssen ist dieses Geschenk der Errettung, durch den Glauben an Jesus Christus anzunehmen. Wir müssen uns unsere Errettung nicht aus eigener Kraft verdienen. In Römer 8,1-2 heißt es: „Also (gibt es) jetzt keine Verdammnis für die, die in Jesus Christus sind. Denn das Gesetz des Geistes des Lebens in Christus Jesus hat dich freigemacht von dem Gesetz der Sünde und des Todes." Die Frage ist also: Wer ist in Jesus Christus? Und: Wie können wir in Jesus sein? Die Antwort auf diese Frage ist zunächst einmal erstaunlich einfach. Im Neuen Testament wird die Gemeinde als Gesamtheit aller an Jesus Glaubenden mit dem Leib Christi verglichen. Jeder der diesem geistlichen Leib Jesu zugehörig ist, ist also in Jesus Christus. Ihm ist das ewige Leben verheißen und er ist freigemacht von dem Gesetz der Sünde und des Todes. Den Grund hierfür wollen wir auch noch näher beleuchten. Prinzipiell beruhen das Alte und das Neue Testament auf zwei unterschiedlichen Voraussetzungen. Das wesentliche Element des Alten Testaments war das Gesetz, das Gott seinem Volk Israel vor langer Zeit gegeben hat. Dieses göttliche Gesetz sollte die Menschen lehren, wie sie die Gerechtigkeit, die notwendig ist um in Gottes Gegenwart bestehen zu können, erreichen können. In der Praxis jedoch ist es dem Menschen in seinem sündigen Zustand unmöglich diese Gerechtigkeit aus eigener Kraft zu erfüllen. Es gibt immer einen Punkt im Leben des Menschen an dem er mindestens ein Gebot übertreten hat. Indem er aber eines der heiligen Gebote Gottes übertreten hat, ist er in geistlicher Hinsicht des ganzen Gesetzes schuldig geworden. Um den Menschen aus diesem Dilemma zu helfen gab es schon im Alten Bund ein Heilsopfer das einmal im Jahr als Sühne für die Schuld des Volkes dargebracht werden mußte, damit das Volk vor Gott bestehen konnte. Um den Menschen aber ein für allemal die Gemeinschaft mit Gott zu ermöglichen, begründete Gott in Jesus den Neuen Bund, in dem Jesus sich selbst als Sühneopfer für unsere Schuld ein für allemal hingegeben hat. Deshalb bezeugte auch Johannes der Täufer als Jesus zu ihm kam: „Siehe, das Lamm Gottes, das die Sünde der Welt wegnimmt!" (Joh. 1,29b) Jesus selbst hat sich freiwillig als heiliges Opferlamm ohne Fehl und Makel zur Verfügung gestellt, um ein Opfer zu vollbringen, das keiner Wiederholung und keiner Ergänzung mehr bedarf. Das heißt, dort wo der Alte Bund auf das Gesetz das Gott durch Mose gegeben hat gegründet war, ist der Neue Bund Gottes auf die Gnade Gottes zur von Jesus erwirkten Vergebung der Sünden gegründet. Um den Unterschied zwischen dem Alten Bund und dem Neuen Bund zu erklären schreibt Paulus: „Denn der Lohn der Sünde ist der Tod, die Gnadengabe Gottes aber ewiges Leben in Christus Jesus unserem Herrn." (Römer 6,23) Der Alte Bund beruhte auf dem Prinzip der Werkgerechtigkeit. Das bedeutet, daß der Mensch seinen Teil zu seiner Errettung tun mußte und so heilig wie möglich zu leben herausgefordert war. Genauer gesagt mußte der Mensch eigentlich noch heiliger als für ihn möglich leben, was dazu führte daß verschiedene Opfer zur Sühnung der Sünden dargebracht werden mußten. Insofern kann man im Alten Bund natürlich zwischen individuellem Heilsopfer für den konkreten Menschen und allgemeinem Heilsopfer für das gesamte Volk unterscheiden. Diese Opfer waren aber unvollkommen, was dazu geführt hat, daß diese immer wieder dargebracht werden mußten, damit die Menschen dazu in der Lage waren in der Vergebung zu bleiben. Im Neuen Bund nun griff Gott so ein, daß nur mehr ein einziges allgemeines Heilsopfer für alle Menschen die dieses annehmen möchten notwendig gewesen und von Jesus am Kreuz dargebracht worden ist. Jesus konnte dieses vollkommene Heilsopfer darbringen, weil er selbst durch den Heiligen Geist gezeugt wurde und so als einziger Mensch frei von Sünde leben konnte. Durch sein sündlos vergossenes Blut, erreichte er die Vergebung aller Sünden für jene Menschen, die diese Vergebung bewußt annehmen möchten.

Noch ein weiteres charakteristisches Element das den Neuen Bund vom Alten Bund unterscheidet, ist die Frage nach der Zugehörigkeit. Wir wollen in unserer Abhandlung auch noch kurz auf diese Frage eingehen, weil sie ebenfalls über eine heilsrelevante Dimension verfügt und ausschlaggebend für eine biblisch begründete, von Gott gewollte und gesegnete, Glaubenspraxis ist. Der Alte Bund definierte sich in erster Linie über die ethnische Zugehörigkeit eines Menschen zum Volk von Israel. Nur einige wenige Heiden (Leute die von ihrer ethnischen Abstammung her nicht zum Volk von Israel gehören), die uns meist nicht näher bekannt sind und als sog. Proselyten bezeichnet wurden, kamen hingegen durch ihren Glauben in Verbindung mit dem Alten Bund. Das äußere Zeichen der Zugehörigkeit zu diesem Bund war die von Gott eingesetzte Beschneidung aller männlichen Nachkommen, die wenige Tage nach der Geburt des Kindes zu vollziehen war. Der Neue Bund Gottes definiert sich nun im Unterschied zum Alten Bund nicht mehr über die Abstammung eines Menschen, sondern durch seinen individuellen Glauben. Nunmehr hat der Glaube des Menschen an Jesus jene Funktion, die im Alten Bund von der Beschneidung erfüllt werden sollte; die Aufnahme in Gottes auserwähltes Volk. Die Taufe als solche, die von vielen fälschlicherweise als Entsprechung zur alttestamentlichen Beschneidung gesehen wird, kann – im Gegensatz zur alttestamentlichen Beschneidung - erst nach dem bewußten Glaubensentscheid eines dazu fähigen Menschen vollzogen werden. Viele halten sie nicht für heilsnotwendig, da auch ein ungetaufter, aber an Jesus glaubender, Verbrecher, der neben Jesus gekreuzigt wurde vom Herrn selbst die Verheißung empfangen hat, noch am selben Tag mit Jesus im Reich Gottes, im Paradies zu stehen (vgl. Lk. 23,39-43). Offensichtlich wurde der Mann nicht getauft, war aber, aufgrund seines Glaubens an Jesus trotzdem errettet. Paulus schreibt später in seinem Brief an die Gemeinde in Ephesus: „Denn aus Gnade seid ihr errettet durch Glauben, und das nicht aus euch, Gottes Gabe ist es; nicht aus Werken damit niemand sich rühme." (Eph. 2,8-9) Die Taufe ist ein Akt des Glaubens, ein gutes Werk das aus dem Glauben heraus erfolgt, und somit ein Gebot Jesu, das der Glaubende aus Gehorsam zu Gottes Wort zu erfüllen hat. Daher mag es zwar nicht heilsnotwendig sein sich taufen zu lassen, aber warum willst du es überhaupt darauf ankommen lassen? Wenn du mit der Taufe und durch den Glauben mit Sicherheit errettet bist, und es für alle die in Christus sind keine Verdammnis mehr gibt, worauf wartest du dann?

Worauf warten so viele Christen, wenn es um die Frage nach der Taufe geht? Uns sollte wirklich daran gelegen sein unsere Errettung auch nach außen hin, für jeden sichtbar zu machen und uns, so wir es nicht schon in der Vergangenheit getan haben, so schnell wie möglich nachdem wir zum Glauben gekommen sind taufen (d.h.: auf den Namen Jesu untertauchen) zu lassen.

4.) DER LEBENSVERÄNDERNDE GLAUBE

Obwohl wir dem biblischen Zeugnis zufolge alleine aus Glauben heraus gerettet sind, wir uns also unsere Errettung nicht verdienen können, existiert dennoch ein wichtiger Zusammenhang zwischen Glauben und Werken, also zwischen geistlichem Leben und konkreter Handlung im Leben des Menschen, den wir uns noch kurz vergegenwärtigen wollen. Im Jakobusbrief lesen wir: „Was nützt es, meine Brüder, wenn jemand sagt, er habe Glauben, hat aber keine Werke? Kann etwa der Glaube ihn retten?" (Jak. 2,14) Und: „Ihr seht (also), daß ein Mensch aus Werken gerechtfertigt wird und nicht aus Glauben allein." (Jak. 2,24) Auf den ersten Blick scheint Jakobus hier dem Apostel Paulus zu widersprechen. Bei genauerem Hinsehen erkennen wir aber, daß wir hier eine einheitliche apostolische Lehre vor uns haben. Sowohl Paulus als auch Jakobus war klar, daß Glaube und Werke in einer wechselseitigen Beziehung zueinander stehen. Um das näher zu verstehen, werden wir uns kurz Vergegenwärtigen warum die beiden Apostel hier ein anderes Schwergewicht bzw. einen anderen Fokus in der Betrachtung des Zusammenhanges von Errettung, Glauben und Werken setzen. Paulus schreibt den Römerbrief an eine Gemeinde, die in gesetzliche Irrlehre abzudriften droht. Ihnen will er klar vor Augen führen, daß die Errettung alleine aus Glauben geschieht und der Mensch nicht aus eigenen Werken vor Gott gerechtfertigt werden kann. Jakobus dagegen schreibt offenbar an eine Gemeinde, die in das andere Extrem zu fallen droht. Ihre Überbetonung auf die Errettung aus Glauben allein hat dazu geführt, daß die für die Urgemeinde selbstverständlichen Werke der Barmherzigkeit außen vor gelassen wurden. So hatte man zwar in der Theorie eine passable Weltanschauung, die sich aber nicht in erforderlichem Maße auf das Leben der Gläubigen ausgewirkt hat. Um ein solches Mißverständnis abzuwehren verdeutlicht Jakobus das einfache Prinzip, das Glaube und Werke zueinander in Beziehung stehen. Die Werke die ein Mensch hervorbringt basieren nämlich auf seiner inneren geistigen Realität oder, wie man besser und treffender formulieren müßte: auf seinem Glauben. Deshalb kommt Jakobus schließlich zu dem Schluß: „Denn wie der Leib ohne Geist tot ist, so ist auch der Glaube ohne Werke tot." (Jak. 2,26) Es gibt also sehr wohl einen gewaltigen Unterschied zwischen einem lebendigen, heilspendenden Glauben und einem toten geistigen Gerippe, das zwar über ein gewisses Maß an intellektuell nachvollziehbarer Ethik verfügt, in sich aber keine wahre geistige Substanz trägt.

Immer wieder betont die Heilige Schrift den Zusammenhang einer aufrichtigen Herzenshaltung und den geistlichen Früchten die ein Mensch hervorbringt. In Matthäus 12,34-35 wendet sich Jesus gegen Pharisäer mit den Worten: „Otternbrut! Wie könnt ihr Gutes reden, da ihr böse seid? Denn aus der Fülle des Herzens redet der Mund. Der gute Mensch bringt aus dem guten Schatz Gutes hervor, und der böse Mensch bringt aus dem bösen Schatz Böses hervor." Jesus deckt hier sehr klar die wahre Herzenshaltung der Pharisäer zu seiner Zeit auf. Indem diese sehr religiös denkenden Menschen ihren Mitmenschen schwer zu erfüllende Lasten aufbürdeten und in eine Art frommen Egoismus verfielen, verdunkelte sich auch die Gesinnung ihres Herzens, so daß sie die Liebe Gottes ablehnten und einer radikalen Werkgerechtigkeit nacheiferten. Eben diesen Menschen offenbart Jesus, daß all ihre Anklagen gegen ihn, obwohl er ja viele Menschen heilte und befreite, aus dem bösen Schatz ihres Herzens hervorgekommen waren. Uns erscheinen die Worte Jesu heute ziemlich hart, aber auch sie entspringen der Gnade Gottes. Indem Jesus die negativen Festlegungen in den Herzen der Pharisäer aufdeckt, bietet er ihnen die Möglichkeit zur Umkehr und zur Gemeinschaft mit Gott. In der Bergpredigt lehrte Jesus ja: „Glückselig die reinen Herzens sind, denn sie werden Gott schauen." (Mt. 5,8) Indem Jesus die Pharisäer überführte, ruft er sie dazu auf die Festlegungen ihres Herzens zu überprüfen und an ihrem inneren Wesen korrigierend zu arbeiten, damit diese dereinst in der Lage sein würden Gott zu erkennen und ihn von Angesicht zu Angesicht zu schauen. Wiederum liegt es aber am Menschen was dieser aus der von Gott gebotenen Möglichkeit zur Gemeinschaft mit Gott macht, ob er sie annimmt oder ablehnt.

Ein positives Beispiel von Menschen, die eine Gerichtsandrohung Gottes gegen sie glauben und daraufhin ihr Verhalten radikal zum besseren ändern, sind die Bewohner von Ninive zur Zeit Jonas. Jona war zu ihnen gesandt um die durch die Boshaftigkeit der Bewohner heraufbeschworene drohende Zerstörung der Stadt zu prophezeien. Der König dieser Region hört nun jedoch auf die mahnende Stimme des Mannes Gottes und ruft die Bevölkerung zur Buße und zum reinigenden Fasten auf, um diesem Urteil zu entgehen. Gott sieht daraufhin die veränderte Gesinnung der Niniveiten und wendet das angedrohte Urteil von den Menschen ab. Die Bevölkerung von Ninive änderte also zunächst ihre verderbte Herzenshaltung, was sich in ihrem Fall in einer Periode der Buße und der geistlichen Reinigung geäußert hat. Obwohl die dort lebenden Menschen vermutlich viele Greueltaten begangen haben, so hat Gott doch auch ihnen Gnade geschenkt, indem er sie durch die Ankündigung des über sie beschlossenen Urteils zur Umkehr berufen hat. Ganz ähnlich verhält es sich im Grunde mit der heilgeschichtlichen Stellung unserer Zeit. Auch über uns ist das Urteil Gottes ausgerufen. Doch Gott ruft über uns nicht zuerst das Urteil aus, sondern bietet uns im Unterschied zu den Bewohnern von Ninive ein Versöhnungsangebot an, da er in Jesus die Basis der wiederhergestellten Gemeinschaft zwischen Gott und dem Menschen geschaffen hat. Es liegt aber an uns, ob wir sein Angebot annehmen und ewiges Leben erhalten oder nicht.

5.) DER WACHSENDE GLAUBE

Jeder Mensch, der zum Glauben an Jesus Christus kommt, erlebt durch dieses Bekehrungserlebnis so etwas wie eine geistige Geburt. Er erkennt, wie die unsichtbare Welt Gottes in unsere sichtbare Realität hineinwirkt und beginnt gewisse grundlegende Zusammenhänge zu erahnen, von denen die Heilige Schrift uns näheres Zeugnis gibt. Über diese geistliche Wiedergeburt sagt Jesus im Gespräch mit Nikodemus: „Wahrlich, wahrlich ich sage dir: Wenn jemand nicht von neuem geboren wird, kann er das

Reich Gottes nicht sehen." (Johannes 3,3b) Und etwas später: „Wahrlich, wahrlich ich sage dir: Wenn jemand nicht aus Wasser und Geist geboren wird, kann er nicht in das Reich Gottes hineingehen. Was aus dem Fleisch geboren ist, ist Fleisch, und was aus dem Geist geboren ist, ist Geist." (Johannes 3,5b-6) Zunächst lehrt Jesus, daß jemand der nicht von neuem geboren wird, das Reich Gottes nicht sehen kann. Nikodemus ist – wie es scheint - daraufhin erst einmal etwas verwirrt, weil er diese geistliche Wahrheit fleischlich mißversteht. Um zu verdeutlichen, daß es sich bei der von Jesus erwähnten Wiedergeburt, nicht um ein fleischliches, also ein körperliches Geschehen handelt, erklärt Jesus ihm, daß es ihm in erster Linie um eine geistliche Realität geht. Die Wendung ‚Wasser und Geist' steht hier als Sinnbild für den Heiligen Geist, auch wenn man sie im Sinne des heilsrelevanten Zusammenhanges von Taufe und Glauben interpretieren kann. Das Entscheidende ist aber, daß Jesus hier klar aufzeigt, daß nicht jeder Mensch der geboren worden ist, auch in der geistlichen Verfassung ist das Reich Gottes zu sehen. Hierfür ist es notwendig noch einmal vom Heiligen Geist selbst geboren zu werden und ein Kind Gottes zu werden. In Johannes 1,11-13 lesen wir: „Er (=Jesus) kam in das Seine, und die Seinen nahmen ihn nicht an; so viele ihn aber aufnahmen, denen gab er das Recht Kinder Gottes zu werden, denen, die an seinen Namen glauben; die nicht aus Geblüt, auch nicht aus dem Willen des Fleisches, auch nicht aus dem Willen des Mannes, sondern aus Gott geboren sind." Hier sehen wir wieder zwei Dinge. a) Alle die an Jesus Christus glauben, nehmen Jesus auf und stehen in der Vollmacht Kinder Gottes zu werden. b) Alle die an Jesus Christus glauben, sind aus Gott geboren worden. Johannes 1,12 lehrt uns, daß jeder der an den Namen Jesu glaubt, das Recht hat ein Kind des lebendigen Gottes zu werden. Was bedeutet denn nun ‚an den Namen Jesu zu glauben'? Im alttestamentlichen Denken und der hebräischen Kultur steht der Name einer Person immer in einer unmittelbaren Beziehung zum Wesen derselben. Der Name ‚Jakob' etwa, bedeutet übersetzt ‚Fersenhalter' oder ‚Betrüger'. Die erste Bedeutungsebende des Namens Jakob hat unter anderem mit der biblische Überlieferung der Geburt Esaus und Jakobs im ersten Buch Mose zu tun, wo uns geschildert wird, daß Esau zuerst gebore wurde, daß sich der zweite Sohn Rebekkas, Jakob, aber wie zum Zeichen für ihr künftiges Leben an seine Ferse klammerte, was eine

Fortsetzung des fortwährenden Ringens der beiden Söhne im Mutterleib auch während ihres weiteren Lebens ankündigte. In der Tat macht Jakob seinem zwielichtigen Namen zuerst alle Ehre, indem er seinen Bruder um dessen Erstgeburtsrecht betrügt und diesen schändlichen Betrug auf Geheiß seiner Mutter auch seinem erblindeten Vater gegenüber fortsetzt. Doch durch Jakobs Erlebnisse und sein Ringen mit Gott, verändert sich sein ganzes Wesen, sein Charakter, so daß aus dem betrügerischen Jakob schließlich ‚Israel' (d.h.: ‚Kämpfer Gottes') der ehrenvolle Streiter Gottes und der Stammvater des gleichnamigen Volkes wird, der sich mit seinem Bruder Esau versöhnt und den vollen Segen Gottes für seine Familie wiederherstellt. Wir sehen also, daß Prinzip der biblischen Namensgebung bezieht sich auf das innere Wesen einer Person. An den Namen Jesu zu glauben bedeutet also dreierlei. Zum ersten bedeutet es daran zu glauben, daß Jesu Name (der übersetzt ‚Gott rettet' bedeutet) in ihm zur Anwendung kommt. Jesus ist unser Retter, der uns vor dem ewigen Tod bewahrt und uns ins Reich Gottes hineinrettet. Sodann bedeutet es auch zu glauben, daß Jesus gemäß der biblischen Überlieferung zugleich auch der ‚Emmanuel' (d.h.: Gott mit uns) ist. Jesus ist nicht etwa nur ein normaler Mensch, sondern er ist Gott selbst, der mit uns ist. Weiteres bedeutet an den Namen Jesu zu glauben aber auch, daß wir darauf vertrauen daß Jesus wirklich der verheißene Messias (d.h.: der Gesalbte) Gottes ist, wie er bereits im Alten Testament angekündigt wurde.

Ähnlich wie in unserem natürlichen Leben, durchleben wir auch in unserem übernatürlichen Glaubensleben verschiedene Alters- und Wachstumsstufen. Kurz nachdem wir zu Gott gefunden haben und so geistlich geboren wurden, benötigen wir weitere geistliche Nahrung aus Gottes Wort, damit unser Glaube sich gut entwickeln kann. Diese geistliche Nahrung ist die gesunde Lehre des Evangeliums, gemäß der Überlieferung der Heiligen Schrift. Doch nicht jede Lehre der Bibel können wir von Anfang an verstehen. In ihr gibt es grundlegende Lehren, die für das Verständnis der komplexeren heilsgeschichtlichen Zusammenhänge relevant sind. Diese grundlegenden Lehren, oder wenn man so will diese fundamentaltheologische Grundsätze, bezeichnet der Hebräerbrief sinnbildlich als geistige Milch. Damit soll ausgedrückt werden, daß diese zentralen Lehren einfach zu verstehen sind und eine

Art Grundgerüst für das weitere Wachstum im Glaubensleben bilden. Diese im Hebräerbrief genannten Lehren sind:

a) das Wort vom Anfang des Christus,
b) Buße von toten Werken,
c) Glaube an Gott,
d) Lehre von den Waschungen (=Taufen),
e) Lehre von der Handauflegung,
f) Lehre von der Totenauferstehung,
g) Lehre vom ewigen Gericht.

In all diesen Lehren muß dem Glaubenden ein gutes Fundament gelegt werden, damit er zur vollen Mannesreife des Glaubens heranwachsen kann. Da heute vielerorts betreffend einiger dieser Lehren nicht von Haus aus von deren prinzipiellem Verständnis ausgegangen werden kann, möchte ich in einem kurzen Exkurs mit der grundlegenden Verständigung über die hier angesprochenen zentralen Lehrinhalte der Heiligen Schrift fortfahren. Erst wenn wir diese Grundsätze klar definiert und besprochen haben, werde ich auf die weiteren Ausführungen zu dem großen Themengebiet des wachsenden Glaubens zurückkommen.

ad a) Was ist das Wort vom Anfang des Christus?

Die Heilige Schrift lehrt uns, daß Jesus nicht einfach ein normal sterblicher Mensch gewesen ist, dessen Leben mit seiner Geburt begann. Im sogenannten Johannesprolog, dem einleitenden Lehrteil des Evangeliums nach Johannes, lesen wir vielmehr, daß Jesus schon von Anbeginn der Schöpfung an existiert hat und Gott durch ihn die Welt erschaffen hat. So heißt es dort: „Im Anfang war das Wort, und das Wort war bei Gott und das Wort war Gott. Dieses war im Anfang bei Gott. Alles wurde durch dasselbe und ohne dasselbe wurde auch nicht eines das geworden ist. In ihm war Leben und das Leben war das Licht der Menschen." (Johannes 1,1-4) Im Grunde geht es hier um die Trinität, d.h.: die Dreifaltigkeit Gottes. Im ersten Buch Mose lesen wir, das Gott alles was geworden ist durch die schöpferische Macht seines Wortes ins Dasein gerufen hat. Dieses Wort Gottes stellt uns der Apostel Johannes hier als Jesus vor. Nun stellen viele Menschen die Frage woher Mose und Johannes denn wissen konnten, was während der Schöpfung geschehen ist. Die Antwort darauf finden wir ausschließlich in der übernatürlichen Ebene Gottes. Der Heilige Geist hat den biblischen Autoren hier durch eine rückwärtsgewandte Prophetie Geheimnisse enthüllt, durch deren Kenntnis sie unter der Führung des Heiligen Geistes in der Lage waren, die Ereignisse während des Schöpfungsgeschehens authentisch wiederzugeben. Wir dürfen nicht vergessen, daß die Bibel ja kein normales Menschenwort, sondern das bezeugte Wort des lebendigen Gottes ist, der für dessen Wahrheitsgehalt garantiert. In der theologischen Fachsprache bezeichnen wir die Lehre von der Existenz Jesu vor seiner Geburt als Lehre der Präexistenz Christi. Damit soll einfach ausgedrückt werden, daß Jesus schon vor seiner Menschwerdung und seiner Geburt auf der Erde, im Himmel gelebt hat. Hieran erkennen wir schon, daß Jesus sich von seinem Wesen her radikal von uns sterblichen Menschen unterscheidet. Dabei ist wichtig zu bedenken, daß Jesus nicht einfach eine Art Engel oder ein anderes Geistwesen gewesen ist, sondern eine Person von Gottes Wesen. Jesus ist vielmehr Gott selbst, der nicht von den anderen Personen der Trinität getrennt werden kann, so wie der Geist und das Wort eines Menschen nicht von der betreffenden Person losgelöst existieren. Wort, Sprechender und die geistige Realität des sprechenden Menschen stehen in einer Beziehung zueinander, die jener von Gottvater, Gott-Sohn und Gott-Heiliger Geist ähnlich ist. Auch wenn dies alles schwer zu erfassen ist, können wir uns doch durch unsere Überlegungen ein in etwa stimmiges Bild dieser zentralen biblischen Lehre machen. Das Jesus mit Vater und Heiligem Geist identisch ist, sehen wir auch anhand des Taufbefehls im Zusammenspiel mit der apostolischen Taufpraxis. In diesem Taufbefehl beauftragt Jesu die Jünger, alle Menschen die Jünger Jesu werden wollen auf ‚den Namen des Vaters und des Sohnes und des Heiligen Geistes‘ (vgl. Mt.28,18-20) zu taufen. In der Apostelgeschichte fordert Petrus dann eine Menschenmenge, die zum Glauben gekommen war auf: „Tut Buße, und ein jeder von euch lasse sich taufen auf den Namen Jesu Christi zur Vergebung eurer Sünden." (Apg. 2,38b) Nun sind zwei Beobachtungen für uns von entscheidender Bedeutung. Zum einen beauftrage Jesu die Apostel, sie sollen die angehenden Jünger auf DEN Namen (Einzahl) DES Vaters UND DES Sohnes UND DES Heiligen

Geistes taufen. Wir sehen, daß Jesus hier in der Tat von EINEM Namen für DREI Personen spricht. Die Apostel lösten dieses Rätsel dann für uns, indem sie alle angehenden Jünger auf den Namen Jesu getauft haben. Somit erkennen wir, daß Jesus, Gott-Vater und der Heilige Geist mit demselben Namen angesprochen werden können, weil sie eines Wesens sind. Obwohl Gott in all diesen seinen drei Gestalten wirkt und souverän handelt, bleibt er doch immer derselbe Gott.

ad b) Was ist die Lehre von der Buße von Toten Werken?

In der Apostelgeschichte fordert Petrus die gläubig gewordenen Menschen dazu auf Buße zu tun. Im griechischen Originaltext finden wir hier das Wort „metanoäsatè" was am ehesten mit „Kehrt um" oder „wandelt euren Sinn völlig" übersetzt werden kann. Gemeint ist schlicht eine völlige Erneuerung des menschlichen Denkens. Wo der Mensch ohne Gott unaufhaltsam auf seinen Tod, und sogar den furchtbaren zweiten Tod zusteuert, kehrt der Mensch durch den Glauben an Gott von diesem Weg radikal um. Sein neues Ziel ist nicht mehr ein Zustand des Todes, sondern des ewigen Lebens. Obwohl auch an Gott glaubende Menschen den ersten Tod erleben werden, werden sie auferstehen um in das Reich Gottes einzugehen. Mit dieser Änderung der Zielbestimmung des menschlichen Lebens, ändert sich zugleich auch die Qualität des Lebensweges eines Menschen vollkommen. Wo der Mensch einst auf dem Weg des Todes zum Tod ging, geht der wiedergeborene Mensch mit Gott auf dem Weg des Lebens zum Leben. Darum lehrte Jesus auch: „Ich bin die Auferstehung und das Leben; wer an mich glaubt wird leben, auch wenn er gestorben ist; und jeder der da lebt und an mich glaubt wird nicht sterben in Ewigkeit." (Johannes 11,25b-26a) Hier geht es sehr klar um das ewige Leben durch Jesus und in Ewigkeit. Auch wenn unser Leib sterben wird, wird unser Geist dennoch ewig Leben, wenn wir zum Glauben an Jesus gekommen sind. Der Tod wird nicht unser dauerhafter Aufenthaltsort sein, sondern wir werden schließlich auch wahrhaft leiblich auferstehen und so, in neuen, verherrlichten himmlischen

Auferstehungsleibern allezeit die herrliche Gegenwart Gottes erleben dürfen.

In der Buße von toten Werken geht es also nicht darum verschiedene religiöse Zeremonien durchzuführen, um für vergangenes Unrecht zu büßen, sondern um ein Abwenden von sündigen Verhaltensweisen und Denkstrukturen und einer daraus resultierenden neuen Zielbestimmung des menschlichen Lebens. Diese zweite fundamentaltheologische Lehre des Hebräerbriefes steht auch -wie wir gleich sehen werden - in einem Zusammenhang mit der dritten dort genannten wesentlichen Grundlage des christlichen Lebens: dem Glauben an Gott.

ad c) Glaube an Gott

Die eigentliche Umkehr des Menschen zu Gott geschieht zu allererst einmal durch den Glauben. Durch den Glauben erhalten wir Zugang zu den übernatürlichen Segnungen der Himmelswelt und das Recht Kinder Gottes zu werden. Lassen wir uns nicht täuschen: ob wir behaupten wir würden an Gott glauben oder etwa davon ausgehen wir würden nicht glauben, wir glauben immer an etwas. Sei es, daß der eine glaubt er glaube an nichts; auch das ist letztlich ein Glaube. Nur eben ein kalter Glaube, der kein geistliches Leben hervorzubringen in der Lage ist. Daher stellt sich uns die Frage was eine solche Geisteshaltung, die dazu führt, daß der Mensch als solcher von Egoismus und Hoffnungslosigkeit geprägt wird eigentlich wert ist. Im Gegensatz dazu spendet der befreiende Glaube an Jesus Hoffnung, Leben und Kraft. Ein auf Jesus Christus ausgerichteter Glaube gemäß der Heiligen Schrift führt beinahe von selbst zu einem Lebensstil der Nächstenliebe und Selbstlosigkeit, in dem wir als Menschen erst die wahre Dimension des Menschseins entdecken. Im Grunde ist unser Handeln immer von der geistlichen Wirklichkeit, in der wir leben, geprägt. So ändert sich der Charakter der Werke, die ein Mensch aus seinem inneren Wesen hervorbringt, auch mit seiner geistlichen Wiedergeburt. Waren seine Werke bis dahin von einem Geist des Todes und der Verlorenheit geprägt, beginnen sie sich durch den Glauben an Gott zu Werken des Lebens und der Liebe zu wandeln. Diese neuen Werke sind unter anderem ein Zeichen dafür, wie ernst es der betreffenden Person mit ihrem Glauben steht. Gerade deshalb ist es so essentiell wichtig, uns mit den geistlichen Zusammenhängen von Glaube und Werken auseinanderzusetzen, wie wir es auch weiter oben - im ersten Kapitel dieses Buches - ausführlich diskutiert haben.

ad d) Was ist die Lehre von den Waschungen?

Mit den Lehren von den Waschungen ist kein religiöses Reinigungsritual, wie wir es etwa aus dem Alten Bund kennen, gemeint, sondern die Lehre von der zweifachen Dimension der Taufe. Die Taufe eines Menschen vollzieht sich erst einmal als bewußter Glaubens- und Gehorsamsschritt im Vertrauen auf die Zuverlässigkeit der Heiligen Schrift. Sodann ist die Taufe ein Akt des Bekenntnisses vor der sichtbaren und der unsichtbaren Welt. Durch sie erlangen wir in geistlicher Hinsicht die Vollmacht der Kinder Gottes. Deshalb ist es wichtig zu bedenken, daß die im Wasser durch Untertauchen auf den Namen des Vaters, des Sohnes und des Heiligen Geistes vollzogene Taufe (Wassertaufe) auch ein öffentliches Bekenntnis darstellt. Wenn wir uns dessen bewußt sind, sichern wir uns gegenüber einem sakramental-mechanischem Mißverständnis der Taufe ebenso ab, wie gegenüber einer Geringschätzung derselben. Durch beide Fehlinterpretationen des Taufgeschehens blockieren wir nämlich den Segen, der mit der Taufe eigentlich verbunden ist. Wo die eine Mißdeutung der Lehre der Taufe dazu führt, daß die eigentliche Taufe nicht einmal vollzogen wird, sondern die Menschen mit einem religiös umrahmten Ersatzritual abgespeist werden, führt eine Geringschätzung der Taufe dazu, das der Mensch die Taufe zwar im Sinne der Heiligen Schrift vollzieht, die ihm dadurch geschenkte Vollmacht aber nicht benutzt. Beides hat in der Regel eine Erschlaffung des Glaubens und eine erschreckende geistliche Lähmung der betreffenden Person zur Folge, die erst aufgehoben wird, wenn die Person damit beginnt sich dem Worte Gottes gemäß zu verhalten und sich von diesem Wort des lebendigen Gottes her auch in ihrem Glauben berichtigen lässt.

Zum anderen umschließt die Lehre von den Waschungen auch die Lehre von der sog. Geisttaufe. Diese Taufe im Heiligen Geist ist ein uns in der Apostelgeschichte bezeugtes Phänomen, daß mit dem

Auftreten verschiedener Geistesgaben einhergeht. Die Apostel erlebten ihre Geisttaufe zu Pfingsten, als der Heilige Geist sichtbar auf sie gekommen ist, so daß viele von ihnen begonnen haben in neuen Zungen zu sprechen. Diese Taufe im heiligen Geist ist ein Erlebnis, daß jeder glaubende Christ, zwar oft weniger dramatisch aber dennoch immer in einzigartiger Weise, erleben kann und erleben soll, ja, erleben darf. In der Apostelgeschichte lesen wir, daß Petrus der bereits genannten und an Jesus gläubig gewordenen Menschenmenge die Verbindung zwischen der Wassertaufe und der Taufe im Heiligen Geist mit den folgenden Worten erklärte: „Tut Buße (=wandelt euren Sinn), und jeder von euch lasse sich taufen auf den Namen Jesu Christi zur Vergebung eurer Sünden! Und ihr werdet die Gabe des Heiligen Geistes empfangen. Denn euch gilt die Verheißung und euren Kindern und allen, die in der Ferne sind, so viele der Herr, unser Gott, hinzufügen wird." (Apostelgeschichte 2,38-39) Damit die anwesenden Menschen in die Vollmacht der Kinder Gottes kommen konnten, waren also drei Dinge erforderlich: a)Die bewußt vollzogene Umkehr zu Gott. b) die Wassertaufe auf den Namen Jesu; c) Den Empfang der Gabe des Heiligen Geistes. Alle drei Dinge gehören zu einem gesunden Glaubensleben im Sinne der Heiligen Schrift. Duch das Wort des Apostel Petrus erkennen wir auch, daß die Taufe im Heiligen Geist kein Phänomen gewesen ist, das lediglich zur Zeit der Apostel erlebt werden konnte, denn er lehrt ja: „Euch (=dieser Generation) gilt die Verheißung und euren Kindern (=der nächsten Generation) und allen, die in der Ferne sind (=sowohl denen die in der räumlichen Ferne, als auch der fernen Zukunft leben ...), soviele der Herr unser Gott hinzurufen wird (... und die zum Glauben an Jesus kommen werden)." Da wir zweifellos unter ‚alle die in der Ferne sind‘ gerechnet werden können, entscheidet also die Frage ob wir durch Gottes Heilshandeln in unserem Leben zum Glauben kommen, auch darüber ob wir die Taufe im Heiligen Geist erleben werden.

Generell unterscheiden wir aber zwischen dem einmaligen Erlebnis der Taufe im Heiligen Geist und der öfter stattfindenden Salbung mit Heiligem Geist. Die Taufe im Heiligen Geist ist ein einmal erlebbares, starkes Erfülltwerden mit Heiligem Geist, durch das Gott verschiedene Gaben in unser Leben hineinlegt. Bei dem Einen mag es die Zungenrede sein, bei Anderen ist es eine Gabe der Lehre oder der Heilung. Ich persönlich glaube, daß jeder der mit Heiligem Geist getauft wurde, auch in der Lage ist in neuen Zungen zu sprechen. Mitunter scheint es aber, daß der Mensch diese Gabe aus Furcht er könnte etwas Falsches tun oder sagen nicht einsetzen möchte. Hieraus entwickelte sich dann im Laufe der Kirchengeschichte die Auffassung, es würden im Zuge der Geistestaufe vielleicht unterschiedliche Charismen (d.h.: Geistesgaben) geschenkt werden. Einige Christen gehen sogar davon aus, daß der Teufel absichtlich verschiedene Geistesgaben imitieren würde, um die Gemeinde Jesu geistlich zu unterwandern. Ja, viele Menschen die sich als Christen bezeichnen glauben nicht einmal mehr daran, daß die übernatürlichen Geistesgaben die Gott seinem Volk gibt überhaupt existieren. Es gibt aber in der Tat enorm viele verschiedene Geistesgaben, die der Herr seinem Volk zu dessen Unterstützung und Auferbauung schenkt. Die Schrift lehrt uns aber kein einziges Mal, daß es so etwas wie eine vom Bösen verfälschte Zungenrede oder eine Geistestaufe die nicht zur Zungenrede befähigt, geben würde. Von daher bleibe ich auf der biblischen Position und stelle fest, daß jeder Christ, der die Taufe im Heiligen Geist erlebt hat auch wirklich in neuen Sprachen reden kann, ob er dies nun bewußt praktiziert oder eben nicht. Natürlich folgen auf diese Geisttaufe dann auch andere Charismen, so wie Gott sie dem Einzelnen Glaubenden schenken möchte, wir werden dies aber wohlweislich nicht zu Lasten der Zungenrede auslegen dürfen.

Die Taufe im Heiligen Geist ist ein einschneidendes Erlebnis und vollzieht sich einmal in unserem Glaubensleben. Mitunter erfüllt Gott uns aber auch einfach mit dem Heiligen Geist, damit wir ein bestimmtes Werk vollbringen können. Diese Erfüllung mit Heiligem Geist nennen wir eine ‚Salbung'. Entscheidend ist, daß wir wissen, daß der Heilige Geist immer wieder über uns kommen kann, um uns in unsere himmlische Berufung hineinzuführen. Wir berauben uns vieler Segnungen wenn wir diese Salbung mit Heiligem Geist geringschätzen und davor zurückschrecken, die von Gott gewollte Handlung auszuführen. Wichtig ist, daß wir für den Auftrag, den Gott uns gegeben hat offen bleiben, so daß es uns nicht überrascht wenn Gottes Geist plötzlich über uns kommt, um uns verschiedene Details unseres Weges mit Gott aufzuzeigen.

Zudem wird der Heilige Geist uns niemals unserer eigenen Entscheidungsfreiheit berauben. Wir sollten wachsam sein, und uns nicht durch Eingebungen des Teufels in unserer Beziehung zu Gott beeinträchtigen lassen. Bevor wir also blindlings darauf los rennen und einer bestimmten Eingebung folgen, werden wir sie sinnvollerweise daraufhin überprüfen, ob sie mit dem in der Schrift geoffenbarten Wort Gottes übereinstimmt, also von Gott stammt, oder der Schrift widerspricht, also vom Teufel stammt.

Auch die Taufe mit Heiligem Geist ist in geistlicher Hinsicht eine Waschung. Zwar können wir nicht gleich klar erkennen, wie sich diese geistliche Waschung nach außen hin auswirkt, was bleibt ist aber die innere Realität des erneuerten Denkens und die Gabe des übernatürlichen Glaubenslebens, in das der Mensch durch diese Taufe im Heiligen Geist hineingenommen ist.

ad e) Was ist die Lehre von der Handauflegung?

Die Lehre von der Handauflegung bezieht sich auf die Lehre der apostolischen Segenspraxis des Handauflegens. Damit ist keine rituelle Weihe gemeint, wie in einigen Kirchen fälschlicherweise gelehrt wird, sondern eine Segenspraxis für alle Gläubigen. Im Laufe der Kirchengeschichte ist diese Lehre immer wieder verzerrt oder falsch interpretiert worden, so daß wir gerade an dieser Stelle mit besonderer Sorgfalt und Genauigkeit arbeiten müssen, damit wir den Sinn dieser Lehre wirklich voll erfassen. Als Paulus durch seine Begegnung mit dem auferstandenen Jesus erblindet war, sah er in einem Gesicht (d.h.: einer Vision) einen Mann, der ihm die Hände auflegte, damit er (Paulus) wieder sehend werden konnte. Schließlich sandte Jesus einen Jünger mit Namen Hananias aus, um dieses gesegnete Werk zu vollbringen. In der Apostelgeschichte lesen wir was genau geschah: „Hananias aber ging hin und kam in das Haus; und er legte ihm die Hände auf und sprach: Bruder Saul, der Herr hat mich gesandt, Jesus – der dir erschienen ist auf dem Weg den du kamst – damit du wieder sehend und mit Heiligem Geist erfüllt werdest." (Apg. 9,17) Durch das Auflegen der Hände des Hananias hatte

Gott also zwei Dinge im Leben des Paulus bewirkt. Er schenkte Paulus sowohl Heilung von der Blindheit, erfüllte ihn aber gleichzeitig mit Heiligem Geist. Interessant ist auch, wie Paulus daraufhin reagiert: „Und sogleich fiel es wie Schuppen von seinen Augen, und er wurde sehend und stand auf und lies sich taufen. Und nachdem er Speise genommen hatte, kam er zu Kräften. Er war aber einige Tage bei den Jüngern in Damaskus." (Apostelgeschichte 9,18-19) Sobald Paulus durch die Kraft des Heiligen Geistes wieder sehend geworden und mit Heiligem Geist erfüllt war, lies er sich taufen. Das war seine erste Handlung nach diesen dramatischen Ereignissen und das obwohl Paulus zuvor einige Tage gefastet und gebetet hatte. Erst nach seiner Taufe nahm er wieder etwas zu essen zu sich! Hier sehen wir, wie wichtig und heilig uns die Taufe eigentlich sein sollte. Wenn Paulus ihr eine so hohe Priorität eingeräumt hat, daß sie ihm sogar wichtiger war als sein körperliches Wohlergehen, dann sollte sie uns mindestens genauso wichtig und bedeutsam sein. Durch die Praxis des Handauflegens kann also der Heilige Geist an eine andere glaubende Person weitergegeben werden, in welcher dieser dann zunächst einmal Treue zu Gottes Wort bewirken wird.

Wir wollen uns, was die Lehre von der Handauflegung betrifft, ein weiteres Zeugnis der heiligen Schrift ansehen. Paulus schrieb an seinen langjährigen Begleiter Timotheus: „Vernachlässige nicht die Gnadengabe in dir, die dir gegeben worden ist, durch Weissagung mit Handauflegung der Ältestenschaft! Bedenke dies sorgfältig; lebe darin, damit deine Fortschritte allen offenbar seien! Habe acht auf dich selbst und auf die Lehre, beharre in diesen Dingen! Denn wenn du dies tust, so wirst du sowohl dich selbst erretten als auch die, die dich hören." (1.Timotheus 4,14-16) Wiederum sehen wir, daß durch die Praxis des Handauflegens unter Gebet Gottes Gnade übermittelt wird. Mitunter begleiten andere übernatürliche Zeichen diese Handauflegung, wie etwa im Falle des Timotheus, eine Weissagung. Hierbei ist interessant zu beobachten, daß die Handauflegung nicht nur von den Aposteln praktiziert wurde, sondern daß diese auch die Ältesten der Gemeinden lehrten diese Praxis auszuüben um der Gemeinde so die Gnade Gottes zu vermitteln. Dabei steht das Auflegen der Hände aber nicht als sakrales Ritual alleine im Raum, sondern ist eng an die Lehre und das Leben in der empfangenen

Gnade Gottes geknüpft. Niemand wird alleine durch das Auflegen der Hände zu einem vollmächtigen Christen, sondern durch ein auf Gottes Wort basierendes Leben in Glauben und Nächstenliebe. Wenn wir dies bedenken, werden wir uns wiederrum gegenüber einem sakramental-mechanischem Mißverständnis absichern und in die Fülle des Segens Gottes eingehen.

Ein bißchen später ermahnt Paulus seinen Schüler Timotheus mit den Worten: „Die Hände lege niemandem schnell auf, und habe nicht teil an fremden Sünden! Bewahre dich selbst rein!" (1. Timotheus 5,22) Die Praxis des Handauflegens ist also auch ein Akt der geistlichen Identifikation mit einer Person. Deshalb soll sie unter anderem auch der Aussendung in den Dienst vorangehen, weil so die Identifikation der Gemeinde als Leib Christi mit dem ausgesandten Glaubenden, auch auf der geistlichen Ebene ausgedrückt wird. Durch diese geistliche Identifikation treten die Gemeinde und der Gesandte in eine übernatürliche Beziehung zueinander. Zum Einen bestätigt das Handauflegen die Aussendung und übermittelt die dafür erforderlichen geistlichen Gaben, zum anderen verpflichtet sich die Gemeinde dazu, den Gesandten im Gebet zu unterstützen und nimmt so die geistliche Verantwortung, die sie ihm gegenüber hat, wahr. Aber auch der Gesandte geht eine Art der Verpflichtung ein, weil sein geistliches Leben auf der geistigen Ebene Auswirkungen auf den geistlichen Zustand, der ihn sendenden Gemeinde haben wird.

Deshalb soll der Aussendung durch eine Gemeinde eine Phase der Bewährung vorangehen. Auch im Leben von Jesus können wir eine solche geistliche Struktur erkennen und von ihr lernen. Jesus lies sich zunächst einmal im Jordan von Johannes dem Täufer taufen um die Gerechtigkeit die Gott fordert zu erfüllen, woraufhin er vom Teufel in der Wüste 40 Tage lang versucht worden ist. Natürlich widerstand Jesus als einzig sündenloser Mensch diesen Versuchungen und begann nach dieser Phase der Bewährung seinen Dienst, für den er Mensch geworden war. Ich glaube vieles von dem was im Leben Jesu an Zeichen geschehen ist, soll einen lehrhaften Charakter für uns und unser Leben haben. Wenn wir also ernstlich jemanden zu einem bestimmten Dienst aussenden möchten, sollten wir uns an genau dieses Schema halten, das Jesus uns durch sein Leben vorgegeben hat. Taufe – Bewährung – Dienst. Alles andere steht in der Gefahr zu katastrophalen Auswirkungen für die betroffenen Menschen zu führen.

ad f) Was ist die Lehre von der Totenauferstehung?

Die Heilige Schrift lehrt uns nicht nur, daß es ein Leben nach dem Tod gibt, sondern auch, daß die Toten auferstehen werden. Der Tod ist also nicht das Ende, sondern eine Art Übergang zu einer neuen Form der Existenz. Wie genau dieses Leben nach dem Tod aussieht und ob es vor der Auferstehung eine Art Übergangszeit in einem Totenreich gibt, kann nicht mit endgültiger Sicherheit gesagt werden. Ich persönlich glaube, daß es in dieser Hinsicht ein objektives und ein individuelles Element gibt. Soweit ich die Lehre der Schrift in diesem Punkt verstehe, stehen wir, was unsere persönliche Wahrnehmung betrifft, unmittelbar nach unserem Tod vor Gott, in der Auferstehung die wir durch unsere Lebensführung erreicht haben. Hier ist wichtig, daß wir uns den Unterschied zwischen der ersten und der zweiten Auferstehung verdeutlichen. Die erste Auferstehung ist die Auferstehung für alle die zum Glauben an Jesus gekommen und im Glauben geblieben sind. Sie haben ihr Leben nicht geliebt, sondern ihren Blick immer auf die künftige Herrlichkeit gerichtet und für das Reich Gottes gelebt. Die erste Auferstehung ist die Auferstehung zur Herrschaft im Reich Jesu. Alle, die an der ersten Auferstehung Anteil haben, werden in der Offenbarung ausdrücklich als glückselig und heilig gepriesen, weil der zweite Tod keine Macht mehr über sie haben wird. Die zweite Auferstehung hingegen ist die Auferstehung zum Gericht. Hier wird den sündigen Menschen ihr eigentliches Verhalten schmerzlich bewußt werden und jeder der nicht im Lebensbuch des Lammes geschrieben steht, wird den zweiten Tod erleiden müssen. Die Lehre der Bibel betont immer wieder, daß kein Mensch durch seine eigenen Werke im Gericht bestehen kann. Deshalb ist es wichtig, daß wir den Menschen erklären, daß sie nur durch die Liebe Jesu und deren Annahme im Glauben Anteil am ewigen Leben haben werden. Dies ist keine Option die wir evtl. Nutzen können, sondern eine Verpflichtung, die wir durch den Missionsauftrag Jesu aufgetragen bekommen haben. Es steht nicht in unserer Verfügung ob wir das Evangelium verkünden wenn es uns freut, sondern wir haben den Auftrag das Evangelium zu verkünden, ob es uns freut oder nicht. In der Tat wird jeder, der diesen Auftrag erfüllt einen großen Segen von Gott bekommen und übernatürliche Zeichen und Wunder erleben. Gerade darum dürfen wir nicht säumen, sondern sind dazu aufgerufen mutig voranzugehen um den Auftrag unseres Königs, Jesus, zu erfüllen.

Auf der einen Seite erscheint uns die Lehre der Schrift in diesem Punkt sehr hart, aber wir verstehen die dahinterstehende Aussage besser, wenn wir sie uns anhand eines irdischen Beispiels verdeutlichen. Wenn ein König einem seiner Untertanen einen Befehl gibt, ist der Untertan aufgrund der gesetzlichen Bestimmungen seines Landes dazu verpflichtet dem Befehl zu gehorchen. Man mag einwenden, daß dies davon abhänge ob der Befehl ethisch gerechtfertigt ist oder nicht. Im Falle Gottes ist der Befehl mit absoluter Sicherheit ethisch gerechtfertigt, weil Gott das Beste für jeden einzelnen Menschen erreichen möchte: das ewige Leben. Stellen wir uns auch vor, wir wären ein Lehrer der den Schülern eine Aufgabe gibt. Obwohl die Schüler auf den ersten Blick vielleicht nicht verstehen, daß die Erfüllung dieser Aufgabe ihnen hilft, sie auf die irgendwann sicher kommende Abschlußprüfung vorzubereiten, sind sie doch dazu verpflichtet den Auftrag des Lehrers zu erfüllen. Als Schüler würden wir uns vielleicht auch aufregen über die unsinnigen Hausaufgaben, die uns den gesamten Nachmittag verderben, weil wir lieber etwas anderes tun würden. So ähnlich ergeht es vielen Christen in ihrem Glauben. Sie erkennen nicht welchen Sinn die Erfüllung des Missionsauftrages hat und meinen deshalb es wäre ihnen zuträglicher nicht gar so ‚radikal' für Gott zu leben und Menschen anderer Überzeugung erst gar nicht mit dem Evangelium zu konfrontieren. Immerhin möchte man doch keinen schlechten Eindruck machen und vielleicht finden es die Leute auch so gut, wenn man einfach so hart wie möglich arbeitet. Eine solche Geisteshaltung ist in der westlichen Christenheit leider allzu verbreitet. Die Wahrheit ist, daß Jesus uns den Missionsauftrag gegeben hat, damit die Menschen mit denen wir zu tun haben ewiges Leben empfangen können. Die Wahrheit ist, daß irgendwann einmal der Punkt kommen wird, an dem der Mensch vielleicht keine Entscheidung für Gott mehr treffen kann, obwohl er es gerne würde. Und damit dieser Mensch nicht verloren geht, zeigt das Wort Gottes uns klar auf, wie dieser ‚point of no return' konkret aussehen wird und gibt uns eine Aufgabe die wir zu erfüllen haben, um uns und andere dazu zu befähigen durch das Gericht hindurch zum ewigen Leben zu gelangen.

ad g) Was ist die Lehre vom ewigen Gericht?

Das griechische Wort für Gericht, das wir an dieser Stelle im Hebräerbrief (Hebräer 6,2) finden, ist das Wort ‚*krima*'. Es ist eine Form des Wortes ‚*krino*', die durch ihre Endung anzeigt, daß es sich hierbei um das Ergebnis des Richtens handelt, im Sinne eines vollzogenen Urteils. Hier kommt zum Ausdruck, daß das Urteil des zweiten Todes in seiner Dauer ewig ist, weil es aus ihm keine Auferstehung mehr gibt. Ob es aber als ewige Qual für die unversöhnt gestorbenen Menschen zu verstehen ist, kann nicht mit letztgültiger Sicherheit gesagt werden. Für die zu ihm verurteilten Geistwesen, wie den Teufel und seine Dämonen, wird er, so nehme ich an, gewiß ein ewiger Ort des Schreckens sein. Es ist aber möglich, daß die zu ihm verurteilten Menschen ausgelöscht werden, auch weil das Bild des Todes hier eher für eine Auslöschung des Bewußtseins als für eine ewige Folter steht. In jedem Fall wird bei dem zweiten Tod auch der Tod selbst vernichtet werden, was das Bild der Auslöschung hier wieder zu bestätigen scheint. Für uns ist jedenfalls wichtig zu verstehen, warum die Erfüllung des Missionsauftrages von so entscheidender Dimension ist: Sie entscheidet über ewiges Leben oder ewigen Tod der Menschen in unserer Umgebung, samt allen die wir durch unseren Dienst erreichen können. Wer im Glauben an Jesus steht, ist frei vom zweiten Tod. Der zweite Tod hat keine Macht über wiedergeborene Christen, weil Gott uns ewiges Leben verheißen hat. Darum müssen wir alles daran setzen den Missionsauftrag so gut wir können zu erfüllen. Auch wir werden Gott Rechenschaft geben müssen, wie wir mit den uns anvertrauten Gütern (unserer Vollmacht als Kinder Gottes, unserer Kenntnis der ewigen Zusammenhänge und der Prinzipien des Segens) umgegangen sind und ob wir diese Güter treu verwaltet haben, ob wir sie mehrten oder sie verschwendet haben.

Wie wir in unseren Überlegungen zum Hebräerbrief und den grundlegenden Lehren der heilsgeschichtlichen Überlieferung bereits gesehen haben, existieren Lehren, die wir je nach unserem Wachstum im Glauben leichter oder schwerer verstehen und als wahr erachten können Diese unterschiedlichen Formen biblischer Lehren können wir uns auch als verschiedene Arten geistlicher Nahrung vorstellen. Nennen wir sie einmal ‚geistliche Flüssignahrung' und ‚feste Speise', was auf das im Hebräerbrief genannte Bild von ‚geistiger Milch' und ‚fester Speise' zurückgeht. Zunächst einmal halten wir fest, daß es also gemäß dem biblischen Zeugnis geistlich reife, aber auch geistlich unreife Christen gibt. Der Unterschied zwischen beiden Gruppen besteht nicht so sehr in dem unterschiedlichen Dienst, der von beiden ausgeübt werden kann, sondern viel grundlegender in der Art und Weise wie diese Gruppen das Wort Gottes verstehen. In unserer Zeit vertreten viele Christen die Ansicht, die Lehre von der Totenauferstehung und dem ewigen Gericht wäre eine so feste geistliche Nahrung, daß diese nur von besonders reifen Christen überhaupt verstanden werden kann. Aber das Zeugnis der Bibel lehrt sehr klar, daß es sich hierbei um eine jener fundamentale Lehren handelt, die zu Beginn des Glaubenslebens erfaßt werden sollen. Die Lehre vom ewigen Gericht beispielsweise, ist also geistliche Milch, die uns zwar in Unruhe versetzt, aber als solche dennoch nicht in den Bereich der ‚festen Nahrung' eingeordnet werden kann. Es ist auch nicht so, daß diese Lehren besonders schwer zu verstehen sind, sie sind lediglich für uns unangenehm weil sie uns den Ernst der Situation drastisch vor Augen führen. Die Tatsache, daß diese Lehren von vielen Christen falsch eingeschätzt werden, zeigt uns, daß viele heute lebende Christen noch nicht zur vollen Mannesreife des Glaubens durchgedrungen sind. Im ersten Johannesbrief lesen wir, daß es drei verschiedene Altersstufen des Glaubens gibt, die jeder Christ in seinem Glauben durchleben wird. So schreibt der Apostel: „Ich schreibe euch, Kinder, weil euch die Sünden vergeben sind um seines Namens willen. Ich schreibe euch, Väter, weil ihr den erkannt habt, (der) von Anfang an (ist). Ich schreibe euch ihr jungen Männer, weil ihr den Bösen überwunden habt. Ich habe euch geschrieben, Kinder, weil ihr den Vater erkannt habt. Ich habe euch, Väter, geschrieben, weil ihr den erkannt habt, (der) von Anfang an (ist). Ich habe euch, ihr jungen Männer geschrieben, weil ihr stark seid und das Wort Gottes in euch bleibt und ihr den Bösen überwunden habt." (1.Johannes 2,12-14) Wir können diesen Vers der Heiligen Schrift auf zweifache Weise interpretieren. Zum einen denke ich, wendet sich Johannes hier an die drei geistlichen Altersstufen von Kleinwüchsigen, Älteren und kräftigen Streitern, zum anderen wohl auch an die tatsächlichen Kinder, Väter und jungen Männer im Sinne der biologischen Altersstufen im Leben dieser Menschen. Dabei ist es wichtig zu verstehen, daß – im Blick auf den Glauben - ein reifer Christ zwar alle diese geistlichen Reifestufen nacheinander durchlebt hat, in sich aber zugleich alle drei Reifestufen vereinigt. In gewisser Hinsicht sind wir also, egal wie vermeintlich reif wir im Glauben zu sein meinen, immer auch geistliche Kinder. Ebenso aber auch Väter im Glauben, weil wir unseren Glauben an andere Menschen weitergeben und unsere Erfahrungen mit ihnen teilen können. Und zudem junge Männer, also geistliche Recken und mannhafte Zeugen der biblischen Überlieferung, weil wir immer wieder für die Wahrheit des uns überlieferten Wortes Gottes Stellung beziehen müssen. In geistlicher Hinsicht haben diese drei Altersstufen je eigene, unterschiedliche Erkenntnisse des Glaubens. Die Kinder etwa, so heißt es hier, haben erkannt, daß ihnen die Sünden vergeben sind um des Namens Jesu willen und sie zu Gott in Beziehung getreten sind, weil sie ihn erkannt haben. Die Deutung, daß es sich hier um ‚Frischbekehrte' handelt, deren Taufe noch nicht lange zurückliegt, ist also durchaus berechtigt. Nun ist interessant zu beobachten, daß der Apostel sich nach den Kindern nicht zuerst an die jungen Männer richtet, wie unser kausales Denken es erwarten würde, sondern sogleich an die Väter. Im Licht des ursprachlichen griechischen Begriffes, stellen wir fest, daß Johannes hier im Grunde nicht an die Kinder (ta tekna) sondern an die Kinderchen (ta teknia) geschrieben hat. Somit spielt der Apostel hier also auch auf das Gegensatzpaar von sehr jungen Menschen (sehr jungen Gläubigen) und sehr reifen Menschen (reifen Gläubigen) an. Ich denke Johannes schrieb hier an die Väter, weil er sich nun an Menschen richtet, die bereits in der Lage sind ihren Glauben weiterzugeben und authentisch vorzuleben. Diese haben, wie Johannes uns lehrt, den erkannt der von Anfang an ist, also Jesus. Sie haben so anscheinend Kenntnisse, die über den Glauben der

Anfangszeit hinausgehen und sie in die Lage versetzen das trinitarische Wesen Gottes zu erkennen. Sie wissen um die Präexistenz Jesu und um die Tatsache, daß ihm alle Macht gegeben ist im Himmel und auf Erden. Vielleicht verstehen sie sogar, daß der Heilige Geist von Jesus gesandt ist um sie in die volle Wahrheit des Evangelium einzuführen und erkennen die geistliche Dimension der Gemeinde als Leib Christi, auch wenn dies nicht unmittelbar aus dem Text hervorzugehen scheint. Zuletzt wendet Johannes sich an die jungen Männer, weil sie den Bösen überwunden haben, stark sind und das Wort Gottes bleibend in sich tragen. Ich meine, daß sowohl die Stellung als auch die Eigenschaften der jungen Männer die uns hier genannt werden, darauf hinweisen, daß diese die vorläufig höchste Reifestufe des Glaubens erreicht haben. Sie sind in der Lage das Worte Gottes bleibend in sich zu tragen, was eine gute Kenntnis der heiligen Schriften vermuten läßt. Außerdem scheinen sie in ihrem Glaubensleben eine große Ähnlichkeit mit Jesus selbst aufzuweisen, weil sie ihn (der ja das Wort Gottes ist) in sich Gestalt gewinnen ließen und somit in einen Prozeß der Heiligung eingetreten sind. Sie sind stark in der Gewissheit des Glaubens und lassen sich nicht durch falsche Lehren in die Irre führen. Ihre Stärke führt unter anderem wohl dazu, daß sie für die Wahrheit des Evangeliums auch angesichts äußerer Bedrängnisse einzutreten vermögen und Gottes Reich ihnen weit wichtiger ist als ihr eigenes Leben.

Sodann ermöglicht der Apostel uns selbst die kritische Reflexion im Blick auf unseren eigenen Glauben. Sind wir wirklich so fest im Glauben wie wir meinen, oder überführt uns Johannes hier von teilweise offenkundigen Glaubensschwächen? Wie bereits weiter oben angeklungen ist, denke ich, daß jeder Christ in verschiedenen Bereichen seines Glaubens eine unterschiedliche Reifestufe aufweisen kann. Wir dürfen uns von dieser biblischen Belegstelle aus dem Neuen Testament also auch dazu herausgefordert sehen, weiterhin mit aller Kraft und aller Ernsthaftigkeit nach einem fortschreitenden Wachstum im Glauben, der bewußten Heiligung unseres Lebens zu streben.

Von der Funktion des Textes her betrachtet, ist er nicht nur ein Lehrstück über die Eigenarten des wachsenden Glaubens, sondern auch eine

Herausforderung an und eine Ermutigung für uns, dieser biblischen Zielvorgabe nachzueifern um die größtmögliche Reife in Fragen des Glaubens zu erlangen. Dieses Maß an Glaubensreife entscheidet letztlich auch darüber, ob wir als Menschen in die persönliche Nachfolge Christi gelangen, oder uns in einer religiösen Behäbigkeit nur um uns selbst drehen. Als Christen tragen wir den Namen jenes Mannes, der uns am Kreuz von Golgatha durch seinen stellvertretenden Opfertod von unserer Schuld befreit hat, damit auch wir die Gabe des ewigen Lebens empfangen können, und der am dritten Tage auferstanden ist von den Toten, so wie er auch uns auferwecken wird. In dem Maße in dem wir diese zentralen biblischen Lehren verstehen und sie als unsere geistliche Nahrugn zu uns nehmen, werden wir durch die Kraft des Heiligen Geistes weiter und tiefgründiger in die Nachfolge Jesu geführt, als wir uns momentan vielleicht vorstellen können. Wir werden wirklich danach streben Jesus – auch in seinem Leiden und seinem Ausharren – immer ähnlicher zu werden.

6.) DER BEFREIENDE GLAUBE

In christlichen Kreisen ist häufig die Rede von Begriffen wie Befreiungsdienst, Freisetzung, Freiheit und ähnlichem. In der Tat beinhält der Glaube an Jesus auch eine befreiende Funktion. Neben der Heilung körperlicher Gebrechen, der Verkündigung von Gottes Reich und der Unterweisung der Jünger, schloß der Dienst Jesu auch das Austreiben von dämonischen Geistern aus Besessenen mit ein. Diese dämonischen Mächte, die Menschen auf unterschiedliche Arten plagten und Gott spotteten, erweisen sich als völlig machtlos gegenüber dem Sohn Gottes, sie sind der Autorität Jesu hilflos ausgeliefert. Für uns ist es deshalb wichtig dies klar zu erkennen, damit wir die Hierarchie in der unsichtbaren Welt und die damit verbundene autoritative Stellung des wiedergeborenen Christen ansatzweise verstehen können. Der für uns wahrnehmbare Bereich der Realität in der wir leben, wird heute meist als die sog. ‚sichtbare Welt' bezeichnet. Neben, über und in ihr existiert allerdings noch ein weiterer Bereich der Realität, den wir mit unseren fleischlichen Sinnen nur indirekt wahrnehmen können. Diesen geistigen Bereich bezeichnen wir als die sog. ‚unsichtbare Welt'. Auch wenn es für viele ‚aufgeklärte' Menschen des dritten Jahrtausends schwer zu akzeptieren ist, existieren auch in diesem Bereich Mächte, die unser Leben entscheidend beeinflussen können. Interessanterweise besteht zwischen diesen beiden Dimensionen der Realität ein wechselseitiger Beziehungszusammenhang. Was auf der geistlichen Ebene stattfindet, beeinflußt die materielle Welt und auf dieselbe Weise können Ereignisse in der materiellen Welt, Auswirkungen auf die geistliche Wirklichkeit haben. Um uns dies an einem einleuchtenden Beispiel zu verdeutlichen, können wir uns den Einfluss den unser Auftreten auf andere Menschen haben kann vergegenwärtigen. Die Art und Weise wie wir einen anderen Menschen behandeln, beeinflußt die Art und Weise wie dieser über uns denkt. Beinahe jeder Mensch dem wir freundlich und aufrichtig gegenüberstehen, wird uns auch in derselben offenen und ehrlichen Art, oder zumindest freundlicher als wenn wir ihm auf unerfreuliche Art und Weise entgegentreten, begegnen. Was uns für die Ebene der Psyche einleuchtend erscheint, funktioniert auch auf der Ebene der Seele und der anderen geistlichen Mächte.

In Lukas 11,14 berichtet uns die Heilige Schrift von folgender Begebenheit, die uns diesen Wirkungszusammenhang auf seelischer Ebene verdeutlichen kann: „Und er (=Jesus) trieb einen Dämonen aus, der stumm war. Es geschah aber, als der Dämon ausgetrieben war, redete der Stumme; und die Volksmengen wunderten sich." Hier sehen wir, wie ein Ereignis das auf der sichtbaren Ebene stattgefunden hat, die geistliche Realität beeinflußt hat und wie der so entstandene geistliche Unterschied in der unsichtbaren Welt sich wiederum im Bereich des Sichtbaren manifestiert hat. Jesus begegnet hier einem Mann, der unter dem körperlichen Symptom der Stummheit litt. Wir können wohl nur erahnen welch hohes persönliches Leid diese Stummheit im Leben des Mannes verursacht hat. In einer Zeit, in der nicht viele Menschen des Schreibens und Lesens kundig waren bedeutete die Stummheit eine beträchtliche Einschränkung. So konnte die betreffende Person zwar wahrnehmen was um sie herum geschah, sie konnte aber nicht selbst in der Interaktion mit anderen Menschen tätig werden. Sie konnten zwar reagieren, aber nicht agieren. Zudem kam mit dem Auftreten eines körperlichen Leidens in einer medizinisch nicht hoch entwickelten Gesellschaft, meist auch noch der gesellschaftliche Ausschluß hinzu, weil die Menschen befürchteten die Krankheit könne sich von dem leidenden Patienten auf sie selbst übertragen, wie es ja im Falle einer virellen oder bakteriellen Infektion wirklich geschehen kann. Durch die mangelnde Kenntnis der medizinischen Zusammenhänge wurde diese Ansteckungsgefahr aber auf alle körperlichen Leiden generalisiert angewandt, so daß man meinte so gut wie jede Krankheit wäre auch ansteckend. Als weiteres Erschwernis mußte die Familie des Patienten auch noch das Gerede und das Urteil der Menschen um sie herum ertragen, da man in der Antike meinte jede Form der Krankheit würde auch mit einer persönlichen Sünde des Patienten oder seiner unmittelbaren Angehörigen zusammenhängen. Der Stumme, um den es hier geht, ist also, wie wir aufgrund dieser Zusammenhänge vermuten können, ein von der Gesellschaft ausgestoßener, vor sich hin leidender Mann ohne große Hoffnung für die Zukunft. Und eben zu diesem Mann, zu diesem Ausgegrenzten kommt Jesus mit der heilenden Vollmacht von Gottes Reich und erkennt wer der wahre Urheber dieses persönlichen Leidens ist: eine finstere Macht, die sich im Körper des Mannes eingenistet hatte. Nun fackelt der Sohn Gottes nicht lange, sondern läßt dem Mann sogleich Hilfe zukommen. Er wendet sich mit all seiner Macht, aber ohne erkennbare Anstrengung, gegen diese Macht der Finsternis und bezwingt sie völlig. Ja, Jesus lebte auch hier schon in der absoluten Überwindung des Bösen und setzt diese als Zeichen zum Wohle von Gottes Volk ein. Der von Jesus bezwungene Dämon mußte sich nun der Macht Gottes beugen und von seinem Opfer weichen. All dies war ein Geschehen, das die umherstehenden Menschen nicht mit ihren körperlichen Sinnen wahrnehmen konnten. Durch die eingetretene Veränderung auf der geistlichen Ebene, war aber der Stumme nicht länger vom Bösen gebunden, sondern war frei zu sprechen und konnte plötzlich reden. Sein ganzes Leben hatte sich dadurch mit einem mal zum Positiven gewandelt. Nun war er nicht mehr der Ausgegrenzte, seiner Zukunft beraubte Sünder, sondern ein Liebeserweis Gottes für die Welt. Auch wenn wir von dem weiteren Leben des Mannes heute keine Kenntnis mehr haben, können wir annehmen daß durch sein Zeugnis und seine plötzliche Heilung viele Menschen zum Glauben an Jesus gekommen sind, ja, vielleicht war sein Bericht und das Zeugnis seiner Heilung sogar mit ein Grund, daß viele Menschen bereit waren auf die Pfingstpredigt des Petrus zu reagieren. Auf jeden Fall verdanken wir diesem Mann einen wesentlichen Einblick in die Prinzipien des Beziehungszusammenhanges zwischen sichtbarer und unsichtbarer Welt und, wie wir gleich sehen werden, der Reaktion einer sündigen Welt auf die liebende Zuwendung Gottes.

„Einige aber von ihnen sagten: Durch Beelzebul, den obersten der Dämonen, treibt er die Dämonen aus. Anderes aber versuchten ihn und forderten von ihm ein Zeichen aus dem Himmel. Da er (=Jesus) aber ihre Gedanken wußte, sprach er zu ihnen: Jedes Reich, das mit sich selbst entzweit ist, wird verwüstet, und Haus gegen Haus (entzweit), stürzt ein. Wenn aber auch der Satan mit sich selbst entzweit ist, wie wird sein Reich bestehen? Denn ihr sagt, daß ich durch Beelzebul die Dämonen austreibe. Wenn aber ich durch Beelzebul die Dämonen austreibe, durch wen treiben eure Söhne sie aus? Darum werden sie eure Richter sein. Wenn ich aber durch den Finger Gottes die Dämonen austreibe, so ist also das Reich Gottes zu euch gekommen. Wenn der Starke bewaffnet seinen Hof bewacht, so ist seine Habe in Frieden; wenn aber ein Stärkerer als er über ihn kommt und ihn besiegt, so nimmt er seine ganze Waffenrüstung weg, auf die er vertraute, und seine Beute verteilt er. Wer nicht mit mir ist, ist gegen mich; und wer nicht mit mir sammelt, zerstreut." (Lukas 11,15-23)

Unmittelbar nachdem Jesus den Dämon von dem Stummen ausgetrieben hat, und so sowohl seine Vollmacht als Gottes Sohn erwiesen hat, als auch dem Mann einen völligen Neubeginn in seinem Leben ermöglicht hat und dessen Leid in Freude verwandelte, hatten einige der dies alles beobachtenden Menschen in der Tat nichts besseres zu tun, als sich über Jesus aufzuregen. Es ist mit dem sündigen Menschen schon ein Kreuz. Immer wieder hören wir die Frage wie Gott das Leid zulassen kann und treffen auf Menschen die so offensichtlich nicht verstanden haben, daß Gott das Leid schon besiegt und überwunden hat. Diese Menschen erleben die geistliche Realität des Sieges Gottes nicht, weil sie sein Handeln und seine Liebe, mitunter sogar seine Existenz in ihrem Geiste negieren. So versperren sie sich den Weg zu den Segnungen der Himmelswelt, weil diese nur den Glaubenden zuteil werden. Nur im Glauben sind wir durch unsere Geisteshaltung dazu in der Lage diese Segnungen Gottes auch zu empfangen. Interessant ist aber doch, daß bei den meisten Menschen die Gott ablehnen, die Ablehnung des Herrn nicht so weit konsequent ist, daß sie nicht doch noch dazu in der Lage wären nach dem Grund für sein Handeln zu fragen. Eben solche inkonsequenten Gesellen bezichtigen Jesus nach seinem Heilshandeln an dem Stummen nun mit dem Obersten der Dämonen im Bunde zu stehen. Jesus, der ja zugleich den Vater, den Sohn und den Heiligen Geist verkörpert, kennt aber ihre Gedanken und ist in der Lage die hinter der Befreiung des Stummen stehenden geistlichen Prinzipien zu erklären, damit diese Menschen verstehen konnten, daß Jesus durch die Kraft von Gottes Reich die vorliegende Heilung bewirken konnte. Jesus erklärt hier, daß das dabei zur Anwendung gekommene geistliche Prinzip auch auf der körperlichen Ebene veranschaulicht werden kann. Solange ein Starker seine Habe bewacht, wird niemand in sein Haus eindringen können um diesen zu berauben. Dazu muß erst ein Stärkerer kommen und den Starken überwinden. Das bedeutet zum Einen einmal, daß wir die geistlichen Mächte mit denen wir konfrontiert werden nicht unterschätzen dürfen. Sie sind geistliche Mächte, die so stark sind daß wir aus eigener Kraft nichts gegen sie ausrichten könnten. Deshalb benötigen wir erst die Vollmacht von Gottes Reich und die volle Waffenrüstung des Glaubens, ehe wir gegen diese Mächte ankommen können. Zum anderen lernen wir durch diese gleichnishafte Erklärung Jesu, daß Gott die größte Macht im Universum – und darüber hinaus – ist, und sich deshalb jede geistliche Macht seinem Worte fügen muß. Gott hat die absolute Autorität in allen Bereichen des Lebens inne. Kein Bereich ist vor Gott verborgen und nichts kann seinem Auge entgehen. Dennoch läßt Gott aus Liebe zu jedem Menschen viele Dinge geschehen, die auch für unsere Wahrnehmung schrecklich sind. Gott hat nicht nur Liebe für Opfer negativer Umstände, sondern auch für deren Verursacher. So läßt Gott eine gewisse Zeit lang Dinge geschehen, die auch ihn schmerzen, damit die Täter noch umkehren und Vergebung finden können. Aber die Bibel lehrt uns sehr klar, daß es einen festgesetzten Punkt in der Zukunft geben wird, an dem Gott allen Menschen Gerechtigkeit verschaffen wird. An diesem Punkt wird der Plan Gottes zur Vollendung kommen. Jeder Mensch, der Gott permanent abgelehnt hat, wird sein gerechtes Urteil für seine Werke empfangen, und jeder der die Gnadengabe, ja, das Geschenk des ewigen Lebens angenommen hat, wird in das Reich seines liebenden Vaters eingehen und immerwährende Gemeinschaft mit Gott haben.

Ein weiteres Beispiel für die befreiende Vollmacht Jesu finden wir in Markus 5,1-20. „Und sie kamen an das jenseitige Ufer des Sees in das Land der Gerasener. Und als er aus dem Boot gestiegen war, begegnete ihm sogleich von den Grüften her ein Mensch mit einem unreinen Geist, der seine Wohnung in den Grabstätten hatte; und selbst mit Ketten konnte ihn keiner mehr binden, da er oft mit Fußfesseln und mit Ketten gebunden worden war und die Ketten von ihm in Stücke zerrissen und die Fußfesseln zerrieben worden waren; und niemand konnte ihn bändigen. Und allezeit, Nacht und Tag, war er in den Grabstätten und auf den Bergen und schrie und zerschlug sich mit Steinen. Und als er Jesus von weitem sah, lief er und warf sich vor ihm nieder; und er schrie mit lauter Stimme und sagt: Was habe ich mit dir zu schaffen, Jesus, Sohn Gottes des Höchsten? Ich beschwöre dich bei Gott, quäle mich nicht! Denn er sagte zu ihm: Fahre aus du unreiner Geist, aus dem Menschen! Und er fragte ihn: Was ist dein Name? Und er spricht zu ihm: Legion ist mein Name, denn wir sind viele. Und er bat ihn sehr, daß er sie nicht aus der Gegend fortschickte. Es war aber dort an dem Berg eine große Herde Schweine, die weidete. Und sie baten ihn und sagten: Schicke uns in die Schweine, damit wir in sie hineinfahren! Und er erlaubte es ihnen. Und die unreinen Geister fuhren in die Schweine, und die Herde stürzte sich hinab in den See, etwa zweitausend, und sie ertranken in dem See. Und ihre Hüter flohen und verkündeten es in der Stadt und auf dem Land; und sie kamen um zu sehen was geschehen war. Und sie kommen zu Jesus und sehen den Besessenen, der die Legion gehabt hatte, bekleidet und vernünftig sitzen, und sie fürchteten sich. Und die es gesehen hatten, erzählten ihnen, wie dem Besessenen geschehen war und das von den Schweinen. Und sie fingen an, ihn zu bitten, daß er aus ihrem Gebiet weggehe. Und als er in das Boot stieg, bat der, der besessen gewesen war, daß er bei ihm sein dürfe. Und er gestattete es ihm nicht, sondern spricht zu ihm: Geh in dein Haus zu den Deinen und verkünde ihnen, wieviel der Herr an dir getan und (wie er) sich deiner erbarmt hat. Und er ging hin und fing an, im Zehnstädtegebiet auszurufen, wieviel Jesus an ihm getan hatte; und alle wunderten sich." (Mk. 5,1-20)

Bei dieser Begebenheit kam Jesus an das südliche Ufer des Sees Genezareth, in ein Gebiet in dem vornehmlich nicht-jüdische Menschen gelebt haben. Daher halten sie auch Schweine, die nach den alttestamentlichen Speisevorschriften für Juden als Unrein gelten, in großer Zahl. Jesus erweist hier seine Vollmacht gegenüber einer ganzen Legion dämonischer Geister, die einen Menschen quälten. Zwar erlangte der Mann im Zustand seiner Besessenheit durch die dämonischen Mächte übernatürliche Kraft, er war diesen finsteren Mächten aber im wahrsten Sinne des Wortes hilflos ausgeliefert. Diese bösen Geister quälten ihn so sehr, daß er sich selbst im Wahn mit Steinen schlug und schon als Lebender zu den Toten gerechnet werden mußte. Die finsteren Mächte, von denen hier die Rede ist, brachten den Mann dazu schon als lebendiger Mensch in Grüften und Grabstätten zu wohnen und sein Leben ein blinder Raserei zu vergeuden. Aus der Tatsache, daß Jesus den später befreiten Mann dazu aufforderte zu den Seinen zurückzukehren können wir schließen, daß die betreffende Person dereinst einmal ein normales Leben geführt haben dürfte. Die befreiende Vollmacht Jesu führt den Besessenen wieder zurück in sein Leben und befreit ihn von dieser wilden Horde der Finsternis. Die Dämonen bitten nun ihrerseits Jesus, er möge sie nicht bereits quälen, sondern vorerst in dem Gebiet weiterhin ihr Unwesen treiben lassen. Hier sehen wir, daß die geistliche Welt die Wirklichkeit des Gerichts Gottes kennt und die Dunkelheit in einem permanenten Angstzustand, der letzte Tag könnte schon über sie hereinbrechen, dahinvegetieren muß. Denn es heißt ja, daß nur der Vater im Himmel alleine den Zeitpunkt kennt an dem der Tag des Herrn kommen wird (vgl. Mt. 24,35-36). Das bedeutet die dämonischen Mächte wissen zwar um ihr bevorstehendes Ende, sie wissen aber nicht wann es soweit sein wird, daß der Zorn Gottes endgültig über sie kommen wird. Daher bangen und zitterten die Dämonen als sie den Sohn Gottes kommen sahen und baten in die Schweine fahren zu dürfen. Ihnen war alles lieber als in den Feuersee der Offenbarung des Johannes geworfen zu werden. Jesus gewährte es ihnen und lies nun die dämonische Legion in eine Herde Schweine fahren, die sich daraufhin in den See stürzte um zu ertrinken. Die Aussage dieser biblischen Überlieferung lehrt uns, daß nicht einmal eine ganze Legion von finsteren Mächten – zu einer Legion wurden etwa 6000 römische Soldaten gerechnet – der Vollmacht Jesu widerstehen kann. Wie Sklaven müssen die bösen Mächte ausführen was Jesus ihnen gebietet, weil er das verkörperte Wort Gottes ist und in der vollen Autorität der Himmelswelt steht. Das bedeutet, daß kein Problem groß genug, keine finstere Armee gewaltig genug sein könnte um dem Sohn Gottes ernsthaften Widerstand entgegenbringen zu können. Wie groß das Problem uns Menschen auch scheint, Jesus hat die Macht uns zu helfen. Die menschliche Reaktion auf das übernatürliche Heilshandeln Gottes besteht zunächst im Glauben, sowie im Gehorsam gegenüber Gottes Gebot. Auch der geheilte und von der finsteren Macht befreite Mann, wollte sogleich Jesus nachfolgen. Als dieser ihm dann aber geboten hatte einfach zu seiner Familie zurückzukehren, ging der Geheilte hin und tat im Grunde viel mehr. Er war nicht einfach ein wenig Gehorsam, sondern versuchte seiner Liebe zu Gott und seiner Begeisterung für den Herrn so gut er nur konnte Ausdruck zu verleihen. Er durchzieht sein gesamtes Heimatgebiet und verkündet überall, was der Herr ihm gutes getan hat. Eben darum sollen auch wir uns dazu berufen sehen, so gut wir nur können von Jesus und seinem Heilshandeln an uns Zeugnis zu geben. Wir sollten nicht den Fehler machen uns permanent in Unsicherheit darüber zu befinden, ob wir wohl so wie wir sind hingehen dürfen um Menschen von Jesus zu erzählen. Wenn du dir im Unklaren bist, ob du den Missionsauftrag konkret umsetzen darfst oder ob du erst noch etwas lernen mußt, habe ich eine gute Nachricht für dich. Der ehemals besessene Gerasener ging nicht erst auf eine Bibelschule oder eine andere theologische Ausbildungsstätte, sondern er ging hin und erzählte einfach allen Menschen die ihn sahen was ihm geschehen war Und das kannst Du mit Sicherheit auch. Wir können also feststellen, daß die befreiende Vollmacht Jesu, Menschen dazu motiviert das Geschenk der Befreiung dadurch weiterzugeben, daß sie andere Menschen in die Beziehung zu diesem befreienden Gott führen, der ihnen helfen möchte und alleine helfen kann. Durch die von uns angeführten biblische Beispiele sahen wir einerseits, daß die geistliche Ebene real ist, andererseits, daß Gott die Macht hat Menschen von Belastungen und Problemen auf der geistlichen Ebene zu befreien. Andererseits konnten wir verstehen, daß Ereignisse auf der geistlichen und der körperlichen Ebene zueinander in Beziehung stehen. Die Frage, die sich für uns nun stellt und um die es in diesem Kapitel eigentlich geht ist aber, welche Rolle der subjektive Glaube des

Einzelnen dabei spielt.

Um dies zu verstehen, müssen wir uns erst einmal ansehen welchen Auftrag Jesus den Jüngern gegeben hatte. Der Auftrag Jesu lautete in Matthäus 28,19-20 sehr klar: „Geht nun hin und macht alle Nationen zu Jüngern, und tauft sie auf den Namen des Vaters und des Sohnes und des Heiligen Geistes und lehrt sie alles zu bewahren, was ich euch geboten habe! Und siehe ich bin bei euch alle Tage bis zur Vollendung des Zeitalters." Wir sehen hier, daß der Missionsbefehl zwei Handlungsebenen umfaßt: die Ebene der den Auftrag erfüllenden Jünger (‚geht hin...') und die Ebene des ihnen beistehenden Gottes (‚ich bin bei euch.....'). Die großen Zeichen und Wunder der Apostelgeschichte wurden ja nicht durch die Kraft der Jünger oder den Willen eines Menschen, sondern durch das souveräne Handeln Gottes hervorgebracht. Unmittelbar bevor Jesus die Jünger aussandte, trat er zu ihnen und lehrte sie über seine eigene Vollmacht: „Mir ist alle Macht gegeben im Himmel und auf Erden." (Mt.28,18b) Jesus hat also alle Macht im Himmel und auf Erden, es gibt nichts was ihm unmöglich ist und kein Problem, das er nicht lösen könnte. Dieser allmächtige Gott, dem alle Macht untertan ist und dessen Wort geschieht, hat den Jüngern sowohl den Missionsauftrag gegeben, als auch seinen Beistand verheißen (vgl. Mt. 28,20b). Weil die Jünger um die Macht des sie sendenden Jesu wußten, hatten sie auch den Glauben und den Mut die nach menschlichem Ermessen unmögliche Aufgabe ALLE NATIONEN zu JÜNGERN zu machen zu erfüllen. Sie schraken vor Bedrohungen und Gefahren nicht zurück, weil sie nicht auf menschliche Unmöglichkeiten, sondern auf Gottes Möglichkeiten sehen konnten. Gott wirkte mit, während die ausgesandten Männer hingingen um den ihnen gegebenen Auftrag in die Tat umzusetzen. Im Evangelium nach Markus sehen wir diesen Sachverhalt noch deutlicher. Dort heißt es: „Und er sprach zu ihnen: Geht hin in die ganze Welt und predigt das Evangelium der ganzen Schöpfung! Wer gläubig geworden und getauft worden ist, wird errettet werden; wer aber ungläubig ist, wird verdammt werden. Diese Zeichen aber werden denen folgen die glauben: In meinem Namen werden sie Dämonen austreiben; sie werden in neuen Sprachen reden, werden Schlangen aufheben, und wenn sie etwas Tödliches trinken, wird es ihnen nicht schaden; Schwachen werden sie die Hände auflegen und sie werden sich wohl befinden. Der Herr wurde nun, nachdem er mit ihnen geredet hatte, in den Himmel aufgenommen und setzte sich zur Rechten Gottes. Jene aber zogen aus und predigten überall, während der Herr mitwirkte und das Wort durch die darauf folgenden Zeichen bestätigte." (Mk. 16,15-20) Wir Menschen müssen in Gottes Heilsplan nichts tun, was unsere Fähigkeiten übersteigt. Zugleich sollen wir aber das Wenige was wir tun können, so gut als möglich und von ganzem Herzen tun. Einen solchen Glauben, der um seine absolute Abhängigkeit von Gott weiß, hat der Herr zu allen Zeiten gesegnet. Die Apostel zogen, nachdem sie den Auftrag dazu empfangen hatten, aus und taten das, was sie als ihre Pflicht angesehen haben. Sie hörten was Jesus ihnen verheißen hatte und wußten, daß sie Jesus absolut vertrauen konnten. Sie fragten sich nicht ob es wirklich so sei, sonder sie hörten seine Worte und wußten daß Jesus sein Wort zur Erfüllung bringen würde. Ein solches Vertrauen auf Gott, oder besser gesagt ein solches ,Gott beim Wort nehmen', bezeichnen wir als Glauben. Für uns ist wichtig, daß wir den ganzen Ratschluß Gottes im Glauben annehmen und nicht nur einzelne Teile davon. Viele Christen heute glauben zwar an ihre Errettung durch den Glauben an Jesus, sie weigern sich aber zu akzeptieren daß auch heute noch große Zeichen und Wunder im Volk Gottes geschehen. In der Vergangenheit wurden Christen die sich wieder den biblisch bezeugten Geistesgaben zuwandten von vielen als Schwärmer oder gar Fanatiker bezeichnet. Schon die Reformatoren neigten dazu glaubenstaufende Christen als ,Schwarmgeister' abzutun, ohne sich nähere Gedanken über das Grundanliegen dieser bekennenden Jünger Jesu zu machen. Eine solche Verurteilung hingegebener Jünger Jesu kommt meistens durch ein grundlegendes Mißverständnis über den biblischen Glauben zustande. In Johannes 8,31 lesen wir: „Jesus sprach nun zu den Juden, die ihm geglaubt hatten: Wenn ihr in meinem Wort bleibt, so seid ihr wahrhaft meine Jünger und ihr werdet die Wahrheit erkennen und die Wahrheit wird euch frei machen." Das bedeutet die beiden wesentlichen Kriterien der Jüngerschaft Jesu sind der Glaube an Jesus und das Bleiben in seinem Wort, mit dem daraus sich ergebenden Resultat des Lebens in geistiger Freiheit. Nur wenn wir diese beiden Voraussetzungen erfüllen, werden wir die volle Wahrheit erkennen und so durch diese erkannte Wahrheit von Irrtümern und falschen Denkweisen befreit werden. Wenn wir also einzelne Aussagen Jesu nicht wirklich verstehen, obwohl wir schon jahrelang in der Bibel lesen, liegt es vielleicht daran, daß wir nicht in dem erforderlichen Maße in Jesu Wort geblieben sind und diesem Wort vertraut haben. Was bedeutet in Jesu Wort zu bleiben? Im Wesentlichen bedeutet es einfach, das zu glauben was Jesus zu glauben gelehrt hat, und das nicht zu glauben was Jesus nicht zu glauben gelehrt hat. Es geht also einfach darum seinem Wort nichts hinzuzufügen und nichts davon wegzulassen. Dann aber bedeutet es auch zu glauben und darauf zu vertrauen, daß Jesu Wort die Wahrheit ist. Wenn Jesus uns also verheißt daß die von ihm genannten Zeichen denen folgen werden die glauben, dann werden diese Zeichen auch denen folgen die glauben. Und dies zu allen Zeiten bis das Reich Gottes definitiv gekommen ist. Wir haben keinen Grund an dieser Verheißung Jesu zu zweifeln oder sie durch vermeintlich logische Argumente unglaubwürdig zu machen. Wenn wir keine Zeichen sehen, liegt es lediglich an unserem Glauben, an unserer Nichterfüllung der mit der Verheißung gegebenen Vorbedingung (Bleiben in der Wahrheit der Worte Jesu, Verkündigung des Evangeliums und Taufe) aber mit Sicherheit nicht an dem fehlenden Handeln Gottes. Gott hat die Bedingungen die wir erfüllen müssen um die von ihm verheißenen Zeichen zu sehen und ihre Kraft zu erleben klar genannt. Der Auftrag Jesu ist ebenfalls klar und unmißverständlich: ‚Geht hin und predigt das Evangelium der ganzen Schöpfung.' (vgl. Mk.16,15) Alles was wir tun müssen ist hinzugehen und das Evangelium zu verkünden. Warum tun wir uns damit bloß so schwer? Ich habe oft erlebt wie Christen alles andere zu tun hatten, als das Evangelium zu verkünden. Man erdachte alle möglichen, komplizierten Aktionen um Menschen zu Jesus zu führen oder sie in die Gemeinde zu bringen. Aber wenn es darum ging diese einfache Sache zu erfüllen und ihnen das Evangelium zu erklären, meint plötzlich jeder er sei nicht der Typ dafür. Petrus war der Typ dafür und erlebte Zeichen und Wunder. Paulus war ebenfalls der Typ dafür und erlebte Zeichen und Wunder. Der frischbekehrte äthiopische Kämmerer war ebenfalls der Typ dafür und zog hin das Evangelium zu verkünden. Worauf warten wir dann also? Warum sollten wir plötzlich die einzigen Christen sein die ‚nicht die Typen dafür' sind? Es geht doch einzig um Treue zu Gott. Ob wir das Evangelium verkünden oder nicht hängt damit zusammen, ob wir den Auftrag, den Jesus uns gegeben hat, ernst nehmen oder ihn durch unseren

Unglauben geringschätzen. Das Leben in dem Auftrag den Jesus uns gegeben hat, ist nicht einfach eine Sache an sich, eine gut klingende Mission, sondern es eröffnet uns den mannigfaltigen Segen der inneren Erfülltheit. Ich denke, daß der Apostel Paulus etwa ein sehr erfüllter Mann gewesen ist, weil er den Auftrag den Jesus gegeben hatte ernst genommen und so gut als möglich umgesetzt hat. Paulus hatte nie angefangen ein für heute typischer Gemeindechrist zu werden, er war durch und durch ein geistlicher Pionier. Er tat alles was erforderlich war um den großen Auftrag den Jesus den Jüngern gegeben hat, umzusetzen. Wenn es erforderlich war als Wanderprediger durch die Lande zu ziehen, tat er es einfach. Als es erforderlich war eine Arbeitsstelle anzunehmen, tat er es einfach. Sogar als es erforderlich war gefangen nach Rom geführt zu werden entschloß Paulus sich dazu es einfach zu tun! Er lebte durch und durch für den Auftrag Jesu. Durch diese Treue zum Worte Gottes erfuhr Paulus großen Segen. Er erlebte die Zeichen und Wunder, nach denen sich heute viele so sehr sehnen. Und das kostete ihn etwas. Er konnte und er wollte kein normales Leben führen. Mitunter ist es für uns Christen an der Zeit wild zu sein. Mitunter müssen wir radikal sein und niemals – ich betone: niemals, dürfen wir unser Leben mehr lieben als unseren Auftrag. Wenn wir beginnen uns mehr um unser eigenes Wohlergehen, als um unsere Beziehung zu Gott zu sorgen, wird das Ergebnis immer Lauheit und Gemächlichkeit sein. Wir können noch so sehr um Wunder beten, wenn wir nicht einen wunderfähigen Lebensstil entwickeln, werden wir uns die Erfüllung der Erhörung unserer Gebete selbst verwehren. Wir werden die Wunder die Gott schenken möchte nicht sehen, weil wir die Situationen, in denen Gott uns das Wunder schenken möchte, vermeiden werden. Wir werden lieber Zuhause abhängen und uns mit den Problemen des Alltags befassen, als nach Gottes Willen für unser Leben zu fragen. Geliebte, berauben wir uns nicht des Segens der Himmelswelt. Leben wir so, daß der Auftrag Jesu unsere oberste Priorität ist! Und ich verspreche dir: In so einem Leben, kann und wird Gott Großes bewirken.

Jesus hat uns verheißen, daß wir die Wahrheit erkennen werden, wenn wir in seinem Wort bleiben. Was aber bedeutet diese Wahrheit für unser Leben? Wenn wir in Jesu Wort bleiben, werden wir erkennen, wie wir in der vollen Dimension der Jüngerschaft leben können. Wir werden feststellen, daß Jesus die Jünger erst einmal von ihren Verpflichtungen gegenüber ihren Arbeitgebern befreit hat. Jesus hat die Jünger dazu aufgerufen ihm zu 100%, also voll und ganz, nachzufolgen. Die Reaktion der ersten Jünger war, daß sie ‚ihre Netze liegen' gelassen haben und Jesus nachgefolgt sind. Sie haben ihre Arbeit, zu der sie ausgebildet und in der sie geübt waren, aufgegeben und lebten in Hinkunft alleine in der Jüngerschaft. Und eben hierzu hat Jesus auch uns befreit. Wir sind dazu befreit voll und ganz die Beziehung zu Gott zu leben, unabhängig davon was uns die sündige und von Gott getrennt lebende Welt auch einreden möchte. Die biblische Überlieferung berichtet uns auch von einem Jüngling, der seinen sozialen Status, wie sein Hab und Gut, mehr geliebt hat als ein Leben in der Nachfolge Jesu. Von diesem berichtet uns die Schrift nicht, daß er ein angesehener Gutsverwalter oder etwas in dieser Art wurde. Das Letzte was die Menschheit von diesem Mann gehört hat war, daß er betrübt wegging. Auch uns stellt Jesus heute vor die Frage: Willst du mir nachfolgen oder lieber für dich selber leben? Von unserer Antwort auf diese Frage hängt ab, ob wir ein Leben in der Nachfolge Jesu führen, oder als reiche Jünglinge betrübt weggehen werden.

Im Großen und Ganzen können wir festhalten, daß Jesus Menschen von drei verschiedenen Arten der Gebundenheit befreit hat:
a) Gebundenheiten des Leibes (=Krankheiten)
b) Gebundenheiten des Geistes (=Besessenheit)
c) Gebundenheiten des Lebens (= Abhängigkeit von Geld oder materiellen Gütern, etc.)

Das Wesen jeder Gebundenheit besteht darin, den Menschen in irgendeiner Form in Abhängigkeit oder Unfreiheit zu führen. Das Wesen des Evangeliums besteht darin, uns von jeder Form dieser Gebundenheiten zu befreien, bis wir schließlich in der direkten Beziehung zu Gott die letztgültige Freiheit von jedweder Abhängigkeit erreichen werden und in Gott die Fülle unseres Lebens und das Ziel zu dem wir erschaffen wurden gefunden haben werden.

6.1) DER ZUM KINDHAFTEN BEFREITE GLAUBE

Wie wir in den vorangehenden Überlegungen gesehen haben, befreit die Beziehung zu Gott uns von verschiedenen natürlichen oder übernatürlichen Bindungen, von dem Moment an da wir uns entscheiden in Treue zum Auftrag Jesu in der Gemeinschaft der Glaubenden zu leben. In dem Maße in dem wir lernen uns auf unseren himmlischen Vater zu verlassen und auf die Verheißungen Jesu zu bauen, erleben wir das ständige Fortschreiten von einer Altersstufe des Glaubens auf eine andere. Aber wie so oft, läuft die Wahrnehmung der von Gott noch getrennt lebenden Welt genau entgegengesetzt zu der Wahrnehmung der Glaubenden. Man könnte die Menschen die bis jetzt nicht auf das Versöhnungsangebot Gottes eingegangen und zum Glauben an Jesus gekommen sind, vorläufig noch mit einem Reich, das nach völlig anderen Prinzipien als das Reich Gottes aufgebaut ist vergleichen. In gewisser Weise leben diese Menschen ohne Auferstehungshoffnung noch immer im Reich der Finsternis, denn sie sind noch nicht zur lebensspendenden Erkenntnis des Lichtes und der Liebe Jesu durchgedrungen. Wohlgemerkt möchte ich nicht behaupten, daß Menschen die nicht an Jesus glauben das Königreich der Finsternis SIND oder es verkörpern. Mir geht es an dieser Stelle um das mehrfach in der heiligen Schrift bezeugte Faktum, daß jeder der noch in den Gebundenheiten dieser Welt lebt und die Liebe Jesu noch nicht kennt IM Reich der Finsternis, als einem gottfernen geistigen Herrschaftsgebiet lebt. Im Sprachgebrauch des Neuen Testaments können wir Menschen den entscheidenden Schritt von der Finsternis zum Licht durch den Glauben an Jesus machen und so Söhne des Lichtes werden. Jesus selbst lehrte die Volksmenge einmal: „Während ihr das Licht habt, glaubt an das Licht, damit ihr Söhne des Lichts werdet!" (Joh. 12,36a) Wir können diesen Bibelvers mit Sicherheit auf zwei verschiedene Weisen verstehen. Zum einen spricht Jesus hier sehr klar von seiner leiblichen Gegenwart auf Erden zu der Zeit seines irdischen Dienstes vor Kreuzigung und Himmelfahrt. Zum zweiten aber, so meine ich, spricht der Herr hier von seiner Gegenwart auf Erden durch den ausgegossenen Heiligen Geist und das geschriebene Wort Gottes nach der Himmelfahrt. In Johannes 1,4 heißt es, daß in Jesus das Leben war und das Leben das Licht der

Menschen ist. Von diesen biblischen Versen ausgehend, können wir die Aufforderung Jesu dahingehend interpretieren, daß die Menschen zum Glauben an ihn kommen sollen, solange sie (noch) lebendig sind. Ab dem Zeitpunkt ihres Todes werden sie nicht mehr länger über das jetzt vorhandene Licht des Lebens verfügen, denn der Tod als geistige Macht vertreibt das Licht und verkehrt das Licht in sein völliges Gegenteil. Solange wir leben, können wir uns für oder gegen Gott entscheiden, aber die Konsequenzen dieser Entscheidung werden uns in unserem geistigen Zustand auch nach diesem Leben, nach dem ersten, dem natürlichen Tod erhalten bleiben. Gerade deshalb ist es von solch enormer Wichtigkeit, daß wir Christen die lebensrettende Botschaft des Evangeliums nicht verschweigen und für uns behalten, sondern ihren Inhalt weitergeben um, im wahrsten Sinne des Wortes, die Menschen um uns herum mit allen für ihre Errettung notwendigen Inhalten zu konfrontieren und für Gottes Reich zu gewinnen.

Doch gerade hier offenbart sich der grundlegende Konflikt zwischen dem Reich Gottes und dem Reich der Welt zumeist in seiner vollen Härte. So war es in islamischen Ländern, wie der Türkei, oder kommunistisch geprägten Ländern, wie China, vor einiger Zeit noch verboten Bibeln in der dortigen Landessprache einzuführen. So groß ist die Furcht der Machthaber in der Welt vor der Botschaft des Evangeliums, daß sie nicht nur jene die an diese Botschaft glauben brutalst verfolgen und unterdrücken, sondern sogar so groß daß sie sich schon alleine davor fürchten, daß Texte der Heiligen Schrift in ihre Nationen eingeführt werden. Anders als in diesen arabischen bzw. fernöstlichen Ländern haben wir Christen im Westen auf einer anderen Ebene für die Wahrheit des Evangeliums einzustehen und mitunter auch zu leiden. Wo die Übergriffe der Welt auf bekennende Christen im Osten eher in physischer Gewaltanwendung und rechtlicher Benachteiligung bestehen, werden wir im Westen vor allem psychisch unter Druck gesetzt, verleumdet und lächerlich gemacht. Doch bevor wir uns selbst zu Märtyrern hochstilisieren, sollten wir uns die dahinterliegenden geistlichen Prozesse ansehen und vergegenwärtigen, die zu diesen äußeren Manifestationen (Ablehnung seitens der Welt) führen.

Beinahe alles was im Reich Gottes als Größe gesehen wird, gilt vor der Welt als verächtlich, nichtig und klein. Alleine am Leben der Apostel erkennen wir, wie sehr die Prinzipien der Welt und jene des Reiches Gottes einander widersprechen. Wo eine steile Karriere und ein schönes Gehalt vor der Welt als Indizien für eine gelungene Lebensführung betrachtet werden, gilt dies im Reich Gottes überhaupt nichts. Die Bibel lehrt uns vielmehr, daß das Ansehen der Person keine Bedeutung vor Gott hat (Röm. 2,11), daß eher ein Kamel durch ein Nadelöhr geht als ein Reicher in das Reich der Himmel kommt (Mt. 19,24) und das Freundschaft mit der Welt sogar Feinschaft gegenüber Gott bedeutet (Jak. 4,4). Als Jesus die Jünger in seine Nachfolge berufen hat, da hat er sie zu einem der Welt völlig abstoßend erscheinenden Lebensstil berufen. Er rief sie heraus aus ihren familiären und finanziellen Bindungen, er rief sie heraus aus ihrer Arbeitsstelle, er rief sie sogar hinaus aus ihrer angestammten sozialen Umgebung und ihrer vorläufigen Lebensgeschichte. Von all diesen Dingen hat Jesus die Jünger herausgerufen, sie von dort weggeführt, um mit ihnen und durch sie etwas viel besseres zu beginnen, das die Welt mit ihren Mitteln aus eigener Kraft niemals erreichen könnte. Wenn wir uns das alles noch näher vergegenwärtigen werden wir sogar erkennen, daß Jesus die Jünger dazu ermutigte so zu leben als ob sie obdachlos, arbeitslos und ohne sozialen Rückhalt leben müßten. Und dann taten sie es einfach. Sie wagten es alles was sie hatten für das einzusetzen, was sie niemals wieder verlieren konnten und wovon nichts und niemand sie mehr trennen konnte. Sie haben alles aufgegeben um ein neues Leben als Freunde Gottes zu führen und in die Vollmacht der Söhne Gottes einzugehen, um schließlich die Welt mit dem Evangelium Jesu, der frohen Botschaft des ewigen Lebens zu erreichen.

Auch die erste Gemeinde, von der wir in der Apostelgeschichte lesen, funktionierte nach Prinzipien, die der Welt absolut anstößig erscheinen mußten. Die Jünger lebten in einer Gütergemeinschaft, in der jeder sein Hab und Gut mit allen Anwesenden teilte. Wer Äcker oder Häuser besaß verkaufte diese, um mit dem Erlös die Gemeinde zu unterstützen (vgl. Apg. 4,32-37). Die ersten Christen lebten demnach in freiwilliger Armut um sich voll und ganz für Gottes Reich einsetzen zu können. Eine Gemeinde von Wanderpredigern, die nichts hatten außer ihrem lebendigen Glauben an den lebendigen Gott, ihr flammendes Herz für Gottes Botschaft und die Kraft des Heiligen Geistes, konnte mit ihren Mitteln und ihrem Evangelium die ganze ihnen bekannte bewohnte Erde erreichen. Was für ein Unterschied zu der heutigen Gemeinde, die es trotz vieler Güter nicht einmal zuwege bringt ihre unmittelbare Nachbarschaft mit der simplen Botschaft von Gott der uns liebt zu erreichen. Es ist an der Zeit die Art und Weise wie wir mit unseren Mitteln, unserem relativen Wohlstand und unserer Zeit umgehen zu überdenken und anhand biblischer Wahrheiten zu hinterfragen. Es ist an der Zeit wieder zu jener Gemeinde von mittellosen, aber mit dem Feuereifer Gottes ausgestatteten Jüngern Jesu nach apostolischem Vorbild zu werden, zu der wir eigentlich berufen sind. Es ist an der Zeit, im blinden aber hoffenden Vertrauen eines Kindes an die Verheißungen Gottes zu glauben und sein Wort in allen Situationen unseres Lebens zu verkünden.

Das Thema um das es in diesem Abschnitt eigentlich geht, ist der zum Kindhaften befreite Glaube. Alles was wir bisher gesagt haben, war notwendig um nun diese Tiefendimension des Glaubens zu erahnen und intellektuell erfassen zu können. Wir wollen uns nun ansehen, wie Jesus selbst darauf reagiert hat, als die Jünger ihre Zugehörigkeit zum Reich Gottes zugunsten eines säkularen Denkens aufgegeben hatten. Als die Jünger einmal den Fehler gemacht haben, sich anhand weltlicher Maßstäbe zu bewerten, anstatt in brüderlicher Liebe miteinander umzugehen, verfielen sie in einen wüsten Streit darüber, wer unter ihnen wohl der Größte sei. Genau in dieser Situation befinden sich viele bekennende Christen auch heute. Sie wollen keine neue Gemeinde an ihrem Ort, weil sie doch ohnedies schon da sind und kaum einer besser das Evangelium verkünden könnte als sie selbst. Sie werden mürrisch, wenn engagierte Christen von außerhalb in ihre vermeintlich sicheren Gemeinderäume eindringen und es wagen ein radikaleres Christsein als ihr eigenes zu leben und den Missionsauftrag ernster zu nehmen als sie es tun. Merken wir was genau da mit uns geschieht? Denken wir vielleicht selbst noch in diesen Kategorien? Wenn ja, dann sollten wir unser diesbezügliches Denken schleunigst ändern, denn wir befänden uns sonst dort wo sich die meisten europäischen Gemeinden im Moment gerade befinden: mitten im Rangstreit der Jünger wer wohl der Größte unter ihnen sei.

Die Lösung Jesu für dieses Problem bestand nun darin, den Jüngern klar die Prinzipien von Gottes Reich darzulegen. Er lehrte die Jünger: „Die Großen der Nationen herrschen über sie, und die Gewalt über sie üben lassen sich Wohltäter nennen. Ihr aber nicht so! Sondern der Größte unter euch sei wie der Jüngste und der Führende wie der Dienende." (Lk. 22,24-27) Mit anderen Worten, jene die ganze Völker unterdrücken und mit Gewalt gegen das eigene Volk wüten, lassen sich vor den Augen der Welt auch noch als Wohltäter feiern. Doch gerade darum ist das Grundprinzip der Welt ‚Alles Recht dem Stärkeren' kein geeignetes Grundprinzip in der Sicht Gottes. Gottes Herrschaft ist jener der Welt völlig entgegengesetzt. Im Reich Gottes erweist sich wahre Größe durch Dienen, wahre Leiterschaft durch die Bereitschaft selbst nachzufolgen. Der Angesehendste unter uns Christen, soll sich eben so verhalten wie der Mißachtetste und nicht höher von sich selbst denken. Wenn wir nach diesem Prinzip leben, wird es nicht mehr so einfach vorkommen, daß hingegebene Jünger Jesu von ‚durchschnittlichen Gemeindechristen' mißgünstig beobachtet werden. Es wird nicht mehr geschehen, daß wir eine unbemerkte „zwei Klassen Gesellschaft" in unseren Gemeinden beherbergen. Keiner wird seinem Nächsten mehr die Berufung und jene Vision die Gott ihm geschenkt hat absprechen. Wir werden zu einer Kirche werden, wie Jesus sie ursprünglich gegründet hat!

Im Evangelium nach Matthäus reagiert Jesus auf noch anschaulichere Weise auf die Frage der Jünger, wer denn der Größte unter ihnen sei. Dort lesen wir: „Und als Jesus ein Kind herbeigerufen hatte, stellte er es in ihre Mitte und sprach: Wahrlich, ich sage euch, wenn ihr nicht umkehrt und werdet wie die Kinder, so werdet ihr keinesfalls in das Reich der Himmel hineinkommen. Darum wenn jemand sich selbst erniedrigen wird, wie dieses Kind, der ist der Größte im Reich der Himmel; und wenn jemand ein solches Kind aufnehmen wird in meinem Namen, nimmt er mich auf. Wenn aber jemand einem dieser Kleinen, die an mich glauben, Anlaß zur Sünde gibt, für den wäre es besser, daß ein Mühlstein an seinen Hals gehängt und er in die Tiefe des Meeres versenkt würde." (Mt. 18,2-6). Indem Jesus ein Kind in die Mitte der Apostel stellte, erklärte er, daß eine so unbedeutende Person wie ein Kind, das zur Zeit der Antike eine Art juristischen Status der Rechtlosigkeit inne hatte, der Größte im Reich der Himmel sei. Wie widerspricht doch die Logik Gottes unserem sündigen Wesen! Wo nach unseren Maßstäben die Vernunft des Erwachsenen über der Naivität eines Kindes steht, sieht Gott die Sache genau anders herum. Nicht die vernünftigen theologischen Diskussionen möchte Jesus hören, sondern den kindhaften Glauben, daß er alles tun kann und daß er immer – in jeder Situation – helfen kann, sehen. Die Haupteigenschaft die Jesus im Zusammenhang mit dem kindhaften Glauben nennt, ist die Bereitschaft zur totalen Selbsterniedrigung.

Der Apostel Paulus schreibt dazu: „Denn mir scheint, daß Gott uns, die Apostel, als die Letzten hingestellt hat, wie zum Tod bestimmt, denn wir sind der Welt ein Schauspiel geworden, sowohl Engeln als Menschen. Wir sind Narren um Christi willen, ihr aber seid klug in Christus; wir schwach ihr aber stark; ihr geehrt, wir aber verachtet." (1.Korinther 4,9-10) Gerade hier lebt Paulus uns die absolute Selbsterniedrigung unter eine noch relativ unreife Gemeinde vor. Nicht indem er mit vielen Worten seine eigenen Taten für Jesus besingt, stellt er sich der Gemeinde dar, sondern als Ausgestoßener. Nicht als strahlender Held des Glaubens, sondern als Verachteter. Nicht als kluger Herold, sondern als Narr um Christi willen. Und gerade hierin beweist Paulus seine wahre Größe im Reich Gottes. Indem er das oben erwähnte Prinzip der Kindhaftigkeit auf sich selbst anwendet, macht er alle an der Welt orientierten Vernünfteleien nieder, nicht indem er gegen diese Vernünfteleien argumentiert und sie so seiner Beachtung würdigt, sondern indem er über sie hinweggeht und auf die Quelle seiner Kraft und seines Glaubens und seines Apostolats hinweist: alleine Christus Jesus, den lebendigen Gott! Wie ernüchternd mußte es für die damaligen Gemeindeleiter doch sein, als sie durch die Demut des Paulus in ihrer vermeintlichen geistigen Größe zutiefst beschämt und so zurechtgebracht wurden. Wenn Christus Jesus selbst diesen Paulus zum Apostel berufen und seinen Dienst bestätigt hatte, wer waren sie, daß sie ihm widersprechen könnten?

Um noch einmal auf die oben angesprochene Bibelstelle aus dem Evangelium (Mt. 18,2-6) zurückzukommen, möchte ich auch noch den besonderen Schutz, unter den Jesus den kindhaften Glauben stellt, erwähnen. Jesus selbst identifiziert sich in der zweiten Hälfte seiner Lehre über wahre Größe im Reich Gottes mit dem kindhaften Glaubenden, so daß jeder der einen solchen aufnehmen wird Jesus selbst aufnehmen wird. Wir sollten wirklich darauf bedacht sein, auch diesen Punkt in der Lehre Jesu zu erfassen, denn der Herr selbst verweist darauf, daß es für jemandem der diesen kindhaft Glaubenden Anlaß zur Sünde gibt besser wäre, er würde mit einem Stein um den Hals in der Tiefe des Meeres versenkt werden. Interessanterweise wird die Tiefe des Meeres in einem alttestamentlichen Bild, welches der Prophet Micha aufgestellt hat, mit dem Ort an den Gott die Sünde seines Volkes wirft assoziiert (vgl. Micha 7,19). Möglicherweise richtet sich Jesu Drohung also gegen geistige Mächte, welche die Glaubenden zur Sünde und zum Bruderzwist verführen möchten. In zweiter Linie kann damit auch ein Bild für das Ersäufen des alten Adams (gemeint ist der weltliche Mensch der durch die Taufe im geistigen Sinne von uns genommen wird) durch die Taufe gemeint sein. Demnach wird die Last der Sünde in der Taufe endgültig abgewaschen und der alte Leib der Sünde mit all seine früheren Verführungen zur Sünde in den Tiefen des Meeres versenkt. Und drittens richtet sich dieses Jesus Wort auch gegen all jene, die durch ihren leichtfertigen Umgang mit sündhaftem Verhalten schwache Glaubende zur Sünde verführen. Deshalb sollte es uns enorm daran gelegen sein einen Lebensstil der Heiligung zu entwickeln und in der Realität der Vergebung durch Christus zu leben, sowie andere dazu zu ermutigen es uns gleichzutun und nach der größtmöglichen Reife im Glauben zu streben. Der Preis, den wir zahlen müssen, mag hoch sein, aber das Ziel um das es geht zu erreichen, ist unendlich viel mehr wert als alles was wir vielleicht kurzfristig aufgeben oder hinten anstellen müssen. Und es wird keinen Menschen geben, den Jesus von sich stoßen würde, wenn dieser Mensch sich aus freien Stücken dazu entschließt zu Jesus kommen und mit ihm Gemeinschaft haben möchte. Denn Jesus selbst sagt: „Alles was mir der Vater gibt, wird zu mir kommen, und wer zu mir kommt, den werde ich nicht hinausstoßen; denn ich bin vom Himmel herabgekommen, nicht daß ich meinen Willen tue, sondern den Willen dessen, der mich gesandt hat." (Johannes 6,37-38)

Gerade hier wird eine weitere Dimension des kindhaften Glaubens für uns interessant. Ein Kind neigt dazu Dinge die sein Vater oder ein anderes großes Vorbild tut zu imitieren. Die beste Form der Imitation beginnt dort, wo man beginnt nicht mehr nach außen hin so zu tun als ob man der Andere wäre, sondern auch dessen Ziele für sich selbst übernimmt, so als ob man wirklich der Andere ist. Der spätmittelalterliche Schriftsteller ‚Thomas von Kempen' hat sein Buch von der Nachfolge Christi ursprünglich ‚Imitatio Christi' betitelt, was ich eher frei mit ‚Nachahmung Christi' übersetzen würde. Doch echte Nachfolge bleibt nicht bei der Imitation stehen, sondern dringt durch auf die Ebene der Verwirklichung der Ziele Jesu im eigenen Leben. Ich erinnere mich noch, als ich zum Glauben kam war ich begeistert davon so zu leben wie Jesus in unserer Zeit leben könnte. Ich rasierte mich nicht, ging nicht zum Friseur, rannte in zerschlissenen Hosen herum, trug eine selbstgebastelte Gebetskette (naja ich hatte eben wenig Erkenntnis, was will man machen?), und versuchte in allem den Willen Jesu nachzuahmen. Natürlich scheiterte ich so früher oder später und begann damit die äußerliche, schlechte Kopie abzulegen und Christus in mir Gestalt gewinnen zu lassen. Das Ergebnis dieses Lernprozeßes war keine schlechte Kopie mehr, sondern vielmehr ein echtes Original. Und ich glaube wirklich, daß es so jedem gehen kann der wirklich Jesus nachfolgt. Christus möchte daß jeder von uns, mit den Gaben die er von ihm bekommen hat, mit seinen individuellen Stärken und seinem erarbeiteten Wissen in die eigenständige Nachfolge Jesu kommt, in der er Jesus, gemäß der ihm persönlich gegebenen Berufung, nacheifert.

Einen solchen ehrlichen, von Herzen kommenden Glauben, ist es, was der Leib Christi im Westen so dringend braucht. Menschen die bereit sind sich selbst ganz und gar den Zielen Jesu unterzuordnen. Beginnen wir damit Christus in uns Gestalt gewinnen zu lassen, und entdecken wir wie ER immer mehr in uns, durch uns und mit uns in dieser Zeit, in der wir leben, wirken wird!

6.2) GOTTESKINDSCHAFT

„Er (=Jesus) kam in das Seine, und die Seinen nahmen ihn nicht an; so viele ihn aber aufnahmen, denen gab er das Recht Kinder Gottes zu werden, denen, die an seinen Namen glauben; die nicht aus Geblüt, auch nicht aus dem Willen des Fleisches, auch nicht aus dem Willen des Mannes, sondern aus Gott geboren sind." (Joh. 1,11-13)

In Jesus kam Gott in einer einzigartigen Art und Weise zu uns, damit wir auf ebenso einzigartige Weise zu ihm kommen können. Gott, der Himmel und Erde erschaffen hat, erniedrigte sich freiwillig so sehr, daß er die Gestalt eines Menschen angenommen hat. Gerade hier entdecken wir einen der zentralen Gedanken der Trinitätslehre. Das griechische Wort *persona* konnte unter anderem auch eine ,Maske' bezeichnen, wie der antike Schauspieler sie im Amphitheater oder auf anderen Darbietungen getragen hat. Dieses ,Gesicht' wurde im antiken Verständnis so eng mit der Person, die sie dargestellt hat, asoziiert, daß man vom Schauspieler erwartete seine eigene Person aufzugeben um jene Person die er darstellen sollte anzuziehen. Jesus ist demnach, so könnte man formulieren, Gott in Gestalt eines Menschen. Die Tatsache, daß der HERR selbst eine menschliche Gestalt angenommen hat, hat für uns einige sehr positive Konsequenzen. Zum Ersten konnten die Jünger, indem sie von Jesus lernten, von Gott selbst lernen und auch wir können durch die biblische Überlieferung ihrer Erfahrungen und der Lehren Jesu in der unmittelbaren Nachfolge Christi leben. Wir können, genau wie die Jünger zur Zeit des irdischen Dienstes Jesu, von Gott selbst lernen! In weiterer Folge konnten nun sündige Menschen direkt vor Gottes Angesicht kommen, ohne sofort zu Tode zu kommen. Ein solches Geschehen wäre gegenüber der herrlichen Gestalt Gottes im Alten Testament undenkbar gewesen. Gott selbst sprach dereinst zu Mose: „Du kannst (es) nicht (ertragen), mein Angesicht zu sehen, denn kein Mensch kann mich sehen und am Leben bleiben." (2.Mose 33,20b) Schließlich konnte Mose sich in einer Felsspalte verbergen, über die Gott während er an ihm vorüberzog schützend seine Hand hielt, bis Mose doch einen Blick auf die vorbeiziehende Herrlichkeit Gottes werfen konnte. Mose konnte und durfte Gott zwar nachsehen, er konnte ihm aber unmöglich direkt in sein herrliches Angesicht sehen. So war es Gottes Gnade, die zum Schutz des Mose nicht auf dessen ursprüngliche Bitte, Gottes Herrlichkeit sehen zu dürfen, eingegangen ist. Im Fall der Jünger und der Menschen zur Zeit des irdischen Wirkens Jesu war dies völlig anders. Gott hatte ein menschliches Angesicht angenommen, damit die Menschen ihm unmittelbar ins Angesicht blicken konnten ohne sogleich ihr Leben zu lassen.

Doch nun geht Gott durch das Wirken des Heiligen Geistes sogar einen großen Schritt weiter. Wir können nun nicht nur Gottes Leib betrachten, sondern zum Tempel seines Heiligen Geistes und, wie uns Johannes 1,12 lehrt, zu seinen Kindern werden. Siegfried Müller, Pastor des Missionswerkes in Karlsruhe, stellte diesen Zusammenhang einmal mit dem Bild der ‚Heiligen Familie‘ dar. Er sieht Gott den Vater, Gott den Sohn und Gott den Heiligen Geist als göttliche Familie in die wir, jeder einzelne Gläubige aufgenommen ist. Der Apostel Paulus schreibt dazu: „Denn ihr habt nicht einen Geist der Knechtschaft empfangen, wieder zur Furcht, sondern einen Geist der Sohnschaft habt ihr empfangen, in dem wir rufen: Abba, Vater! Der Geist selbst bezeugt (zusammen) mit unserem Geist, daß wir Kinder Gottes sind." (Röm. 8,15-16) Viele von uns sehen sich gerne als Knechte oder Diener Jesu, aber Gott selbst hat ein viel größeres Erbe für uns bereitet. Wir dürfen uns nicht nur als Knechte Gottes verstehen, sondern auch als Kinder Gottes und somit als Erben des Himmelreiches. Indem wir uns vom Heiligen Geist erfüllen und von ihm leiten lassen, bezeugt der Heilige Geist unserem Geist, daß wir Kinder Gottes sind. Unsere geistige Realität wird so, obwohl wir immer noch im Fleisch und in der Welt leben, schon von der himmlischen Realität bestimmt und geleitet. Im Unterschied zu einem Knecht im Hause eines reichen Gutsbesitzers, hatte das Kind dieses Mannes alle Rechten und – so gut wie – keine Pflichten. Die Kinder durften an all den Gütern ihres Vaters Anteil haben und von seinen Erträgen leben, wohingegen die Knechte dazu verpflichtet waren ihrem Herrn mit all ihrer Kraft zu dienen und für ihn zu arbeiten, ohne daß sie an sämtlichen Gütern des Gutsbesitzers Anteil haben durften. Wie so oft erleben wir hier den doppelten Anspruch des Evangeliums. Obwohl wir Kinder Gottes sind, so haben wir doch die Aufgabe übertragen bekommen die Güter unseres Herrn und himmlischen Vaters treu zu verwalten, indem wir sie mit anderen Menschen teilen. Anders als das Verhältnis zu einem menschlichen Herrn oder Arbeitgeber, ist unser Verhältnis zu Gott aber von Innigkeit und Liebe geprägt. Wir stehen vor Gott zugleich als seine geliebten Kinder und als seine Knechte, als sein Leib und sein Volk. Ist es nicht wirklich ermutigend zu wissen, daß Jesus selbst uns die Gnade verliehen hat, Gott mit den Augen eines Gotteskindes sehen zu dürfen?

Auch im von Jesus selbst eingesetzten Gebet, das den meisten von uns als ‚Vater Unser‘ bekannt ist, lehrte Jesus die Jünger, Gott, wie wir es auch in unseren deutschen Übersetzungen erkennen können, als ihren Vater zu sehen (vgl. Mt. 6,9-13). Er ging noch einen Schritt weiter, indem er selbst Gott mit der Koseform ‚*Abba*‘, die unserem deutschen ‚Papa‘ entspricht, angesprochen hat. Wie wir durch das Zeugnis des Apostel Paulus sehen, stehen auch wir in einem solchen innigen Vertrauensverhältnis zu Gott, daß wir ihn als unseren ‚himmlischen Papa‘ ansprechen und verstehen können. Dennoch ist uns Gott, und das sollten wir niemals vergessen, schlechthinnig überlegen. Er ist der erhabene und souveräne, heilige Schöpfer und Erhalter des Universums. Alleine durch sein Wort ist alles, was innerhalb des Universums existiert ins Dasein gekommen. Er selbst hat alles was ist erschaffen. Wir sollen Gott lieben und wir sollen Gott fürchten. Wir sollen ihn ehren und wir dürfen seine Freunde, ja, sogar seine Kinder sein. Wie könnte ein schwacher Mensch all dies verstehen? So paradox und verworren uns das auch erscheinen mag, so klar und einfach ist es doch ein Jünger Jesu zu sein. Indem wir Gott lieben, entwickelt der Heilige Geist in uns eine heilsame Ehrfurcht vor Gott und ein Gefühl der gewollten, vertrauensvollen Abhängigkeit von Gott dem Herrn. In dem Maße in dem wir uns vom Heiligen Geist erfüllen lassen, erkennen und verstehen wir die Zusammenhänge der Schrift und somit des Willens Gottes weit klarer als es uns aus unserer eigenen Kraft und unserem natürlichen Intellekt heraus möglich wäre. Möge der Herr unser Gott uns in seiner unendlichen Weisheit und Güte dazu anleiten in der Beziehung mit ihm zu wachsen und die Länge, die Breite, die Höhen und die Tiefe seines Wesens zu ergründen! Möge der Geist Gottes uns die Weisheit schenken in der geistigen Nähe unseres himmlischen Pappas zu verweilen und so seine Segnungen in unserem Leben zu erfahren.

Oh ihr Söhne und Töchter Gottes, wie groß ist das Geheimnis der Herrlichkeit unseres Vaters im Himmel und wie unerforschlich der Reichtum seiner Macht. Hallelujah!

7.) Der einheitspendende Glaube

Gerade in der neueren Zeit wird immer die fehlende Einheit der Christenheit angeprangert. In der Tat gibt es derzeit eine tiefe Uneinigkeit in Fragen des Glaubens, die aber nicht, wie viele meinen, durch die Ausprägung des Leibes Christi in verschiedene Gemeinden und Gemeindebünde verursacht wird. Vielmehr sitzt das eigentliche Grundproblem auf einer viel tieferen Ebene: einer gestörten Beziehung zu Gott. Theoretisch ist uns allen klar, daß Jesus gemäß der Lehre der Heiligen Schrift das Haupt und der gemeinsame Grund der christlichen Kirche ist, in der Praxis sieht es aber oft ganz anders aus. Viele christliche Gemeindeleiter kommen nicht mehr auf die Idee ihre theologischen Erkenntnisse fortwährend zu prüfen und anhand der heiligen Schrift neu auszurichten. Sie sind in eine Art frommen Dogmatismus verfallen, der sie sowohl des Segens Gottes als auch der wahren Einheit der christlichen Kirche beraubt. Ein einfaches Beispiel dafür sind verschiedene theologische Kontroversen, wie jene um die Zungenrede und die Taufe im Heiligen Geist. Wenn in der Schrift klar betont wird, daß der Heilige Geist Menschen dazu befähigt in neuen Sprachen zu reden, gibt es keinen Grund anzunehmen, daß der Teufel eine falsche Zungenrede eingeben kann. Die ganze Überlegung ist schon deshalb unsinnig, weil der Zungenrede die Taufe im Heiligen Geist vorausgeht und der Teufel so gar keine Macht mehr über uns hat. Was er aber kann ist uns Angst zu machen, um uns dazu zu bringen auf die Segnungen der Himmelswelt zu verzichten. Ein solches Verzichten auf himmlische Segnungen würde nämlich nur dem Teufel selbst nutzen, weil wir so einige unserer besten geistlichen Waffen ungenutzt beiseite legen würden, obwohl Gott im Sinn hat uns durch diese geistlichen Waffen für den Kampf gegen das Böse auszurüsten. Solche lehrmässigen ‚Zwischenschauplätze' gibt es immer wieder in allen Bereichen der Theologie. Bis vor relativ kurzer Zeit war selbst in baptistischen Kreisen die Lehre die ‚Zeit der Wunder' wäre vorbei weit verbreitet. Die Heilige Schrift lehrt uns, das Jesus derselbe ist, gestern, heute und in Ewigkeit (Hebr. 13,8). Warum sollte er also nicht mehr derselbe sein wie vor 2000 Jahren? Wenn wir die Lehre der Bibel ernst nehmen, kommen wir zu dem Schluß, daß es niemals eine besondere Zeit der Wunder gegeben hat, in der Wunder häufiger geschehen wären als zu anderen Zeiten. Wunder gibt es heute ebenso wie vor 2000 Jahren. Was sich allerdings drastisch verändert hat ist der Glaube und damit die Einheit der Christenheit, besonders der westlichen Christenheit in Europa und Mittelamerika.

Sehen wir uns einmal an, was uns die heilige Schrift über Glauben und Leben der frühen Urgemeinde in Jerusalem, unmittelbar nach der Himmelfahrt Jesu berichtet: „Da kehrten sie alle nach Jerusalem zurück, von dem Berg, der Ölberg heißt, der nahe bei Jerusalem ist, einen Sabbatweg entfernt. Und als sie hineingekommen waren, stiegen sie hinauf in den Obersaal, wo sie sich aufzuhalten pflegten: sowohl Petrus als Johannes und Jakobus und Andreas, Philippus und Thomas, Bartholomäus und Matthäus, Jakobus, (der Sohn) des Alphäus, und Simon, der Eiferer, und Judas, (der Sohn) des Jakobus. Diese alle verharrten einmütig im Gebet mit (einigen) Frauen und Maria, der Mutter Jesu, und mit seinen Brüdern." (Apostelgeschichte 1,13-14) Kurz vor der Himmelfahrt hatte Jesus den Aposteln aufgetragen, sie sollen sich nicht von Jerusalem entfernen bis der Heilige Geist gemäß der Verheißung Jesu auf sie gekommen wäre. Ich denke die Apostel konnten sich zu diesem Zeitpunkt noch nicht genau vorstellen, wie die Taufe im Heiligen Geist aussehen würde. Dennoch verharrten sie einmütig im Gebet und warteten. Sie warteten nicht ob der Heilige Geist wohl kommen würde, sondern sie warteten darauf, daß er kommen würde. Das ist auch, was die Haltung der frühen Gemeinde angeht ein wesentlicher Punkt. Man war sich, soweit wir wissen, absolut einig darüber, daß die Worte Jesu die absolute Wahrheit gewesen sind. Man zweifelte nicht daran, man wußte nur nicht konkret wie einiges davon aussehen sollte. Als nun die Verheißung in Erfüllung ging, und der Heilige Geist auf die Apostel kam, zweifelte niemand daran, daß dies die Taufe im Heiligen Geist ist. Heute dagegen sieht die Christenheit die Worte der Heiligen Schrift nicht mehr so klar, wie zur Zeit der Apostel. Man erlebt nicht selten Christen die bekennen an die Heilige Schrift in vollem Umfang zu glauben, die sich aber vehement weigern zu akzeptieren, daß Gott sein Volk durch den Heiligen Geist und die in der Schrift genannten Geistesgaben ausrüstet um den Leib Christi zu erbauen und die Gemeinde bei der Erfüllung des Missionsauftrages zu unterstützen. Interessanterweise sind es dann genau solche Menschen, die sich als erste über die Uneinigkeit der Christenheit beklagen. Das ganze ist ungefähr so abstrus als würden Menschen behaupten sie würden an die Zahlen von 1 bis 10 glauben, aber die Zahlen 5 und 8 gehörten ‚in Wirklichkeit' gar nicht dazu und sich obendrein noch als 'Mathematiker' bezeichnen. Wenn so etwas schon in der Mathematik zu horrenden Fehleinschätzungen führen muß, wie sehr trifft dies dann auf das Glaubensleben der Menschen zu! Wir müssen uns endlich einmal von jeder Form des geistlichen Minimalismus verabschieden, bei dem wir einzelne Lehren der Schrift glauben, andere dagegen komplett ignorieren.

Die Einheit der Christenheit ist im Grunde keine Angelegenheit die wir Menschen aus eigener Kraft bewirken könnten. Sie ist ein Geschenk Gottes an uns, das wir, wie die Errettung und die Heilung die Gott schenken möchte, im Glauben annehmen können. In Johannes 17,20-21 lesen wir: „Aber nicht für diese allein bitte ich, sondern auch für die, welche durch ihr Wort an mich glauben, damit sie alle eins seien, wie du, Vater, in mir und ich in dir, daß auch sie in uns eins seien, damit die Welt glaube, daß du mich gesandt hast." An dieser Stelle haben wir eine wesentliche Komponente des sog. ‚Hohepriesterlichen Gebets' bzw. des Gebetes Jesu für die Jünger vor uns. Hier bittet Jesus den Vater, als Zeichen für uns, um unsere Einheit. Diese Einheit ist aber nichts, was im Bereich des für uns Machbaren liegt, sie wird uns vielmehr von Gott geschenkt. Wir haben die Einheit in Gott. Wir sind ein Leib in Gott und auf den Namen Jesu getauft. Wir glauben an denselben lebendigen Gott und dieselbe Heilige Schrift. Uns eint ein geistliches Band, das Band des Glaubens. Nun ist es allerdings so, daß eine falsche kirchliche Lehre die Menschen die an sie glauben der vollen Einheit der Christenheit beraubt. Deshalb sollte die Gemeindezucht im Sinne der Heiligen Schrift ja in erster Linie einmal dazu dienen, einem in der Sünde verharrenden Menschen seinen Irrtum drastisch vor Augen zu führen um ihn zur Umkehr zu bewegen. Diese Gemeindezucht durfte aber, gemäß der Einsetzung Jesu, nur nach vollzogener zweifacher Ermahnung, durch Brüder und vor der Gesamtgemeinde, durchgeführt werden. Sie war kein Freibrief sich einer x-beliebigen anderen Gemeinde anzuschließen, wie es heute angeblich oft vorkommt, sondern ein drastischer Schritt der gewiß nicht allzuoft zur Anwendung gekommen ist. Dieser Vollzug der Gemeindezucht im Sinne Jesu setzt aber voraus, daß die Gemeinde selbst noch in der Lehre der Apostel geblieben ist. Sie durfte niemals dazu gebraucht werden unliebsame theologische Positionen loszuwerden, sondern nur eingesetzt werden um einen im Irrtum befindlichen Menschen, zu einem Leben gemäß der biblischen Lehre zurückzuführen. Dies diente nicht der persönlichen Machtausübung der Gemeindeleitung, sondern dem Wohl des betreffenden Menschen und der geistlichen Gesundheit des Gesamtgemeinde. Wie wir gesehen haben, beraubt ein geistlicher Irrtum die Menschen die an ihn glauben der Fülle des Segens Gottes. Viel schlimmer noch wirkt sich ein solcher Irrtum aber aus, wenn er in Form der Lehre in der Gemeinde weitergegeben wird, denn die Schrift lehrt uns auch, daß die Lehrer der Schrift ein strengeres Urteil empfangen werden. Deshalb ist es für uns auch so bedeutsam die volle Wahrheit des Evangeliums zu erfassen, um zur vollen Mannesreife des Glaubens zu gelangen, was uns in die Lage versetzt die wahre Dimension der Einheit der christlichen Kirche zu verstehen.

In der Apostelgeschichte finden wir auch Informationen darüber was wir tun können, um die Einheit der Christenheit zu erfassen. In Apostelgeschichte 2,42 heißt es: „Sie verharrten aber in der Lehre der Apostel und in der Gemeinschaft, im Brechen des Brotes und in den Gebeten." Diese 4 Elemente des christlichen Lebens sind ausreichend um die volle Einheit der Christenheit zu verwirklichen: a)bleiben in der Lehre der Apostel, b)Gemeinschaft, c)Brechen des Brotes, d)Gebet. Die Lehre der Apostel ist dabei aber nicht von Haus aus mit der Lehre einer bestimmten Gemeinde, im Sinne eines theologischen Gütesiegels, verbunden. Sie ist vielmehr in der Heiligen Schrift vollendet und abgeschlossen dargelegt. Es muß, ja, es darf dem Worte Gottes nichts mehr hinzugefügt oder durch eigenwillige Interpretation sinnentstellend wiedergegeben werden. Durch diesen ersten großen Schritt, erfüllen sich die weiteren Voraussetzungen der Verwirklichung der Einheit der christlichen Kirche dann beinahe wie von selbst. Durch den gemeinsamen Glauben und das gemeinsame Ziel entsteht ‚von selbst' eine tiefe und innige Gemeinschaft der Christen untereinander. Durch den Vollzug des zweiten Bundeszeichens des neuen Bundes, des Abendmahls, wird die Gemeinschaft mit Gott in Jesus erlebt und ausgedrückt. Im Gebet schließlich offenbart sich diese geistliche Einheit mit all ihren Ebenen. Wir treten gemeinsam vor Gott und treten vor Gott in der Fürbitte füreinander ein. In der Anbetung preisen wir Gott und erheben seinen Namen, was die Einheit des Geistes in unserer Mitte wiederum vertieft. Sehen wir uns das alles noch en wenig genauer an.

<u>a) Was ist das ‚Verharren in der Lehre der Apostel'?</u>

So wie wir weiter oben bereits gesehen haben, hat Jesus gläubige Menschen gelehrt, daß diese, wenn sie in Jesu Worten blieben wahrhaft seine Jünger sein würden (vgl. Joh. 8,31). Eben um dieses ‚in Jesu Wort' bleiben, geht es auch hier. Zwar wurde das ‚Verharren in der Lehre der Apostel' im Laufe der Kirchengeschichte oft durch ein institutionelles Mißverständnis verfälscht, an der Wahrheit der Aussage hat sich aber nach wie vor nichts geändert. Jede kirchliche Gemeinschaft, die diesen Boden der wahren Lehre verläßt, spaltet die Christenheit, denn Jesus lehrte auch: ‚Wer nicht mit mir sammelt, der zerstreut.' Wir dürfen uns nicht einem falschen Einheitsverständnis hingeben, das uns nahelegt, wenn wir so tun als wären wir eins mit Leuten die einer falschen Lehre anhängen würden sie ihre Lehren schon ändern. Wir haben keine Einheit mit Gemeinschaften die zentrale Lehren der Heiligen Schrift leugnen und durch Unglauben versuchen die Wahrheit nieder zu halten. Wir haben vielmehr die Verpflichtung auch diese Menschen zur echten, ungeheuchelten Buße aufzurufen, wie Gott sie auch uns geschenkt hat. Alle Uneinigkeit der Christenheit kommt letztlich von einem Problem auf dieser Ebene des Glaubens. Jede falsche Lehre, die gegen die Wahrheit der Heiligen Schrift gerichtet ist, wird diese zersetzende Wirkung auf den christlichen Glauben entfalten. Daß dies so ist, haben Papsttum und Konsorten uns hinreichend bewiesen. Indem Einzelne versuchten sich über den Leib Christi zu erheben, haben sie den geistlichen Zustand aller Personen die ihnen geglaubt haben gefährdet und beeinträchtigt. Von daher sind auch wir dazu aufgerufen, unseren Glauben immer wieder neu am Worte Gottes selbst auszurichten, zum Wohle aller mit denen wir zu tun haben.

Das ‚Verharren in der Lehre der Apostel' meint, soweit wir erkennen können, aber nicht nur die fortwährende Berichtigung und Ausrichtung der kirchlichen Lehre am Worte Gottes, sondern auch das Bewußtsein der apostolischen Lehre im einzelnen Christen. Auch als Jünger Jesu müssen wir immer wieder zur Lehre des Evangeliums zurückkehren, um ein immer tiefer gehendes Verständnis von Gottes Wort zu erlangen. Wir müssen unser Wissen um den Willen Jesu immer wieder neu auffrischen und uns vom Heiligen Geist daran erinnern lassen, wenn wir wieder zu unseren weltlichen Tätigkeiten zurückgekehrt sind. Das ‚Verharren in der Lehre der Apostel‘ meint in diesem Sinne eine Geisteshaltung, die von Gottes Wort durchdrungen ist und sich dem Willen Gottes bewußt ist. Dieses Bewußtsein schafft uns nicht nur Klarheit über unsere eigene Berufung, sondern auch über ein Leben nach dem Willen Gottes. Es geht also darum, Gottes Wort – und somit seinen Willen – nicht nur zu kennen, sondern zu tun und umzusetzen was Gottes Wort uns sagt.

So vergleicht Jesus am Ende der Bergpredigt ja nicht den mit einem weisen Mann, der Jesu Wort nur theoretisch kennt, sondern jenen der es tut, der umsetzt was er gehört, gelesen und vom Geist Gottes erfahren hat.

b) Was ist die ‚Gemeinschaft‘?

Die Gemeinschaft von der in Apostelgeschichte 2,42 die Rede ist, entsteht als logische Konsequenz aus dem Verharren in der Lehre Jesu. Durch die Einheit des Glaubens entsteht durch den Geist Gottes auch die Einheit in der Lebensführung der Christen. Das neutestamentliche Wort das im NT benutzt wird um diese Gemeinschaft auszudrücken, ist das griechische Wort ‚*koinonia*‘. Es kann, von seiner Wortbedeutung her betrachtet, drei verschiedene gemeinschaftsbildende Elemente bezeichnen. Zum Einen steht es für die gemeinsame Teilhabe an etwas, sowie die Gemeinschaft im Sinne einer Vereinigung, zum Anderen aber auch für die Gemeinschaftsgabe oder den Gemeinsinn. All diese Größen stehen im neutestamentlichen Sprachgebrauch in enger Beziehung zueinander. Durch die gemeinsame Teilhabe an der durch Jesus geschenkten Vergebung für den Menschen, entsteht die Gemeinde im Sinne der Vereinigung des Leibes Jesu. Sodann unterstützen sich die Glieder in diesem Leib untereinander in einem solchen Maße, daß diese enge geistliche Gemeinschaft in der Urgemeinde als Gütergemeinschaft geführt wurde, in der jeder sein ganzes Hab und Gut der Gemeinde überantwortete, was wiederrum zu einer staren Identifikation der Glaubenden mit der Gesamtgemeinde geführt hat. Wir werden uns diese gemeinschaftsbildenden Elemente des Wortes Koinonia kurz anhand verschiedener Bibelstellen verdeutlichen. Im ersten Brief an die Gemeinde in Korinth, schreibt der Apostel Paulus: „Der Kelch der Segnung, den wir segnen, ist er nicht (die) Gemeinschaft des Blutes des Christus? Das Brot, das wir brechen, ist es nicht (die) Gemeinschaft des Leibes des Christus?" (1.Kor. 10,16) Das Abendmahl ist, der Lehre der Heiligen Schrift zufolge, sichtbarer Ausdruck der gemeinsamen Annahme des stellvertretenden Sühneopfers Jesu. Wir glauben an denselben Herrn Jesus Christus, der am Kreuz von Golgatha zur Vergebung unserer Schuld gestorben ist und der am dritten Tage auferstanden ist von den Toten. Dieser historische Moment ist DAS einheitstiftende Moment der Christenheit. Hier hat unser neues Leben in Christus seinen Ausgang genommen. Über alle Zeiten hinweg ist es dieser gekreuzigte und auferstandene Jesus, der seine Gemeinde sammelt und das Wort seiner Jünger durch Zeichen und Wunder bestätigt. Es ist dieser Jesus der uns den Heiligen Geist sendet und in dessen Auftrag wir auf seinen Namen getauft wurden. Um ihn dreht sich der gesamte christliche Glaube. Durch das von ihm eingesetzte Herrenmahl wird diese Gemeinschaft in Jesu Namen von der Gemeinde gefeiert und an diesen Moment, an dieses Sühneopfer gedacht. Wie bereits oben erwähnt, kommt auch hier wieder zum Ausdruck, daß die Einheit des Leibes Christi von den Aposteln nie als institutionelle Einheit gedacht wurde, sondern als geistliche Gemeinschaft in Jesu Leib und Blut.

Das zweite einheitstiftende Moment des Wortes ‚koinonia' verstehen wir, wenn wir uns 1.Korinter 1,9 ansehen. Dort heißt es: „Gott ist treu, durch den ihr berufen worden seid in die Gemeinschaft seines Sohnes Jesus Christus, unseres Herrn." Wiederum kommt durch das apostolische Sendschreiben zum Ausdruck, daß wir nicht aus eigener Kraft zum Glauben an Jesus gekommen sind, sondern durch das Heilshandeln Gottes. Wir wurden, wie Paulus hier schreibt, in die Gemeinschaft des Sohnes Gottes, Jesus Christus, berufen. Diese übernatürliche Vereinigung des Leibes Christi entsteht somit ebenfalls nicht durch menschliche Anstrengung, sondern durch den von Gott gespendeten Glauben. Wie bereits erwähnt, verstand die Urgemeinde in Jerusalem sich selbst als enge geistliche Gemeinschaft, die sich durch die entstandene Gütergemeinschaft äußerte. Die Christen jener Zeit kamen zusammen, um von den Aposteln in der Lehre der Heiligen Schrift unterwiesen zu werden und um Gemeinschaft untereinander zu haben. Im Laufe der Kirchengeschichte hat dieses neutestamentliche Urbild der Gemeinde dazu geführt, daß viele geistlich hungrige Christen sich zu sog. ‚koinobitischen Gemeinschaften' zusammengeschlossen haben. Die frühen Mönchsorden und auch einige evangelische Bruderschaften basieren unter anderem auf der freiwillig eingegangenen Verpflichtung zur Armut, wobei dem Orden oder der Bruderschaft meist das gesamte Vermögen des neu Eingetretenen überschrieben wird. Der Begriff ‚*koinobitisch*' setzt sich aus den griechischen Worten ‚*koinonia*' (=Gemeinschaft) und ‚*bios*' (=Leben) zusammen und soll einen Lebensstil beschreiben, in dem versucht wird das oben angesprochene neutestamentliche Gemeindemodell nachzuahmen. Meist gelingt dies aufgrund einer strengen geschlechtlichen Trennung von reinen Männer- und Frauengemeinschaften nur in eingeschränktem Maße. Wie wir am Beispiel von Hananias und Saphira in der Apostelgeschichte erkennen können, gab es eine solche geschlechterspezifische Unterscheidung in der Urgemeinde nicht (vgl. Apg. 5,1-11). Diese Überlegungen zur Gütergemeinschaft der Urgemeinde führen uns nun bereits zur dritten Bedeutung des Begriffes ‚*koinonia*'. In Römer 15,26 lesen wir: „Denn es hat Mazedonien und Achaja wohlgefallen, eine Beisteuer zu leisten für die Bedürftigen unter den Heiligen, die in Jerusalem sind." Gerade weil Jerusalem zu dieser Zeit der Mittelpunkt der jüdischen Welt gewesen ist, dürfte es einen enorm großen Unterschied zwischen Arm und Reich gegeben haben, wie wir ihn auch in modernen Großstädten erleben können. Als Paulus den Römerbrief verfaßt hat, war Jerusalem, wie wir durch sein Schreiben erkennen können, noch nicht zerstört worden, der Römerbrief muß folglich vor dem Jahre 70 (dem Jahre der Zerstörung Jerusalems durch die Römer) entstanden sein. Für uns ist es deshalb wichtig dieses Detail mitzubedenken, weil wir aus der historischen Einordnung der Entstehung des Römerbriefes sehen, daß sich bereits sehr kurze Zeit nach der Himmelfahrt Jesu (etwa im Jahre 30) das Evangelium in dem Maße verbreitet hatte, daß bereits mehrere Gemeinden die Bedürftigen in einer anderen Gemeinde unterstützen wollten. Wir werden so auch von unserer eigenen Trägheit überführt, weil wir dem Glaubenseifer und der Glaubensstärke der frühen Christenheit heute in vielen Bereichen weit abgeschlagen hinterherhinken, wenngleich Gott durch verschiedene Erneuerungsbewegungen und Erweckungsprediger die Gemeinde weltweit auf ein tieferes Verständnis des Glaubens und der übernatürlichen Segnungen der Himmelswelt führt. Konkret sehen wir, daß die Gemeinschaft der frühen Kirche sowohl in materieller Hinsicht, als auch in einem tieferliegenden Gemeinschaftssinn, unserer heutigen Gemeinschaft weit überlegen gewesen ist. Für uns kann das Leben dieser ersten Christen ein Beispiel sein, dem wir um der höheren Ehre Gottes willen nacheifern wollen.

Die Botschaft der Heiligen Schrift ist also auch insofern gemeinschaftsbildend und einheitstiftend, weil wir durch sie ein gemeinsames Ziel vor Augen gemalt bekommen, an dessen Erfüllung wir gemeinsam arbeiten müssen, wenn wir die Gemeinde zu der ihr zugedachten wahrhaft apostolischen Vollmacht zurückführen wollen.

c) Was ist das ‚Brechen des Brotes'?

Wenn in der Apostelgeschichte das Brechen des Brotes als weiteres Kennzeichen der Kirche genannt wird, wehrt die Bibel selbst einem sakramentalen Mißverständnis der von Jesus eingesetzten Bundeszeichen des Neuen Bundes. Nicht die äußeren Zeichen erwirken uns die Gnade Gottes und unser Heil, sie sind vielmehr ein für unsere fleischlichen Sinne wahrnehmbares Zeichen dieser, uns von Gott erwiesenen Gnade und des uns von Gott geschenkten Heils. An keiner einzigen Stelle in der Heiligen Schrift wird das Brechen des Brotes mit einer ‚Erneuerung' des Sühnetodes Jesu in Verbindung gebracht. Die Bibel lehrt uns statt dessen, daß alles was zu unserer Errettung notwendig ist, bereits geschehen ist. Jesus hat am Kreuz bereits alles für uns getan, was notwendig war um uns das ewige Leben zu schenken. Ja, er hat uns sogar noch viel mehr geschenkt als wir gegenwärtig begreifen und erahnen können. Um die Gemeinde an dieses Opfer zu erinnern, das Jesus für uns gebracht hat, setzte Jesus als Bundeszeichen des Neuen Bundes das sog. Herrenmahl ein. In Matthäus 26,26-29 lesen wir: „Während sie aber aßen, nahm Jesus

Brot und segnete, brach und gab es den Jüngern und sprach: Nehmt, eßt, dies ist mein Leib! Und er nahm einen Kelch und dankte und gab ihnen (den) und sprach: Trinkt alle daraus! Denn dies ist mein Blut des Bundes, das für viele vergossen wird zur Vergebung der Sünden. Ich sage euch aber, daß ich von nun an nicht mehr von diesem Gewächs des Weinstocks trinken werde bis zu jenem Tag, da ich es neu mit euch trinken werde in dem Reich meines Vaters." (Matthäus 26,26-29) Immer wenn die Gemeinde das Herrenmahl feiert, gedenkt sie dieses letzten Mahles Jesu mit seinen Jüngern. Zugleich erinnert sie sich aber auch der von Jesus gegebenen Verheißung, daß er den Kelch erneut mit den Jüngern teilen wird im Reich des Vaters. In der Tat sehen wir hier, daß Jesus im Reich Gottes mit uns allen eine enge Gemeinschaft, die so eng und vertraut ist wie eine Mahlgemeinschaft, haben wird. Die Mahlgemeinschaft war in der Antike die höchste Form zwischenmenschlicher Gemeinschaft überhaupt. Sie war ein Akt der Identifikation des Einladenden mit seinen Gästen und bedeutete, daß der Gast solange das Mahl dauerte in die enge Hausgemeinschaft des Gastgebers aufgenommen war. Jesus geht sogar einen großen Schritt weiter, indem er den Jünger sinnbildlich verdeutlicht, was nun auf sie zukommen mußte. Jesus kündigte hier mit einem prophetischen Zeichen seine nahende Kreuzigung an und verdeutlichte, wie sein Blut den Neuen Bund aufrichten würde, den Gott mit den Menschen schließen wollte. Er verdeutlichte die sündenvergebende Wirkung seines vergossenen Blutes und die Notwendigkeit, daß jeder dieses Opfer für sich selbst in Anspruch nimmt, so wie auch jeder Mensch für sich selbst essen und trinken muß. Es kann daher keinen stellvertretenden Glauben geben, durch den wir für andere die Errettung erwirken können. Diesen Schritt hinein in die Beziehung zu Gott kann und muß jeder Mensch aus freien Stücken für sich selbst tun. Jesus wählte also eine tiefgehende Bedeutung für die Bundeszeichen des Neuen Bundes, deren wahrer Sinn nur von der Kreuzigung Jesu her verstanden werden kann. In der weiteren Ausformung der apostolischen Lehre, wird uns die Bedeutung des Brechen's des Brotes im Hinblick auf die Gemeinschaft erneut verdeutlicht.

Für uns genügt es an dieser Stelle uns zu vergegenwärtigen, daß durch die Feier des Abendmahls eine Mahlgemeinschaft der Versammelten mit

Gott und untereinander ausgedrückt wird, die sich in einem erneuerten Gemeinschaftssinn und einem vertieften Gemeinschaftsverständnis äußern kann.

d) Was sind die ‚Gebete'?

Die Gemeinde im Sinne der Bibel ist eine geistige Gemeinschaft, die sich im Gebet vor Gott versammelt und in der Beziehung mit ihm lebt. Jesus selbst hat den Jüngern verheißen: „Darum sage ich euch: Alles, um was ihr auch betet und bittet, glaubt, daß ihr es empfangen habt, und es wird euch werden. Und wenn ihr steht und betet, so vergebt, wenn ihr etwas gegen jemand habt, damit auch euer Vater, der in den Himmeln ist, euch eure Übertretungen vergebe." (Mk. 11,24) Jesus betonte in seiner Lehre immer wieder den wichtigen Zusammenhang von Glauben und Gebeten, der notwendig ist um die Auswirkungen der Gebete zu erfahren. Die Erfüllung unserer Gebete steht immer auch in Zusammenhang mit der Haltung unseres Herzens. Deshalb sind wir dazu aufgefordert, denen die gegen uns zu Schulden gekommen sind zu vergeben, damit unser Herz rein ist und Gott sehen kann. Dieses Beten in Vergebungsbereitschaft dient auch der Pflege unserer Beziehungen, weil durch das gemeinsame Gebet der Same der Zwietracht weggenommen und durch die geistige Gemeinschaft des Gebets ersetzt wird. Zugleich treten wir im Gebet vor Gott und erfahren seine Gegenwart. Alleine diese Erfahrung deckt uns in unserer eigenen Fehlbarkeit und Unvollkommenheit auf und wirkt sich so versöhnend und heilend auf unser Leben aus. Das gemeinsame Gebet steht auch insofern unter einem besonderen Segen Gottes, weil Jesus den Jüngern seine Anwesenheit verheißen hat, wo zwei oder drei in seinem Namen versammelt sind. In Matthäus 18,19-20 lehrt Jesus: „Wiederum sage ich euch: Wenn zwei von euch auf der Erde übereinkommen, irgendeine Sache zu erbitten, so wird sie ihnen werden von meinem Vater, der in den Himmeln ist. Denn wo zwei oder drei versammelt sind in meinem Namen, da bin ich in ihrer Mitte." Die Gemeinschaft im Gebet ist mit einer besonderen Kraftwirkung verbunden. Jesus selbst ist in der Mitte jener Menschen, die in seinem Namen zusammenkommen. Hier überschneidet sich die weltliche Realität in der wir leben mit der himmlischen Realität Gottes. Deshalb ist das Gebet der Gemeinde von einer so enormen Bedeutung, daß wir es kaum erfassen können. Dennoch berichtet uns die Heilige Schrift von der kraftvollen Auswirkung des gemeinschaftlichen Gebets. Als Petrus im Gefängnis inhaftiert gewesen ist, geschah von der Gemeinde ein anhaltendes Gebet für ihn zu Gott. Der Herr sandte daraufhin einen Engel des Herrn, der Petrus auf übernatürliche Weise aus dem Gefängnis befreite und ihm so die Freiheit schenkte. Die im Haus der Versammlung anwesenden Beter waren zunächst fassungslos als Petrus plötzlich vor der Türe stand und Einlaß begehrte. Man dachte zunächst sogar, es würde sich bei dem Anklopfenden nicht um Petrus selbst, sondern um dessen Engel handeln. Doch nachdem die versammelte Gruppe erkannte, daß es sich bei dem Anklopfenden wirklich um Petrus handelte, gerieten sie außer sich vor Begeisterung (vgl. dazu Apg. 12,1-17).

Neben dem gemeinsamen Fürbittgebet gibt es aber auch noch den gemeinsamen Lobpreis Gottes, der ebenfalls seine segensreiche Wirkung im Leben der Gemeinde entfalten kann. Ein solches Gebet des Lobpreises ist uns in Apostelgeschichte 4,23-31 bezeugt. Dort heißt es: „Als sie (=die Apostel) aber entlassen waren, kamen sie zu den Ihren und verkündeten alles, was die Hohenpriester und Ältesten zu ihnen gesagt hatten. Sie aber, als sie es hörten, erhoben einmütig (ihre) Stimme zu Gott und sprachen: Herrscher, du, der du den Himmel und die Erde und das Meer gemacht hast und alles, was in ihnen ist; du, der du durch den Heiligen Geist durch den Mund unseres Vaters, deines Knechtes David, gesagt hast: ‚Warum tobten die Nationen und sannen eitles die Völker? Die Könige der Erde standen auf und die Fürsten versammelten sich gegen den Herrn und seinen Gesalbten.‘ Denn in dieser Stadt versammelten sich in Wahrheit gegen deinen heiligen Knecht Jesus, den du gesalbt hast, sowohl Herodes, als Pontius Pilatus mit den Nationen und den Völkern Israels, alles zu tun, was deine Hand und dein Ratschluß vorherbestimmt hat, daß es geschehen sollte. Und nun, Herr, sieh an ihre Drohungen und gib deinen Knechten, dein Wort mit aller Freimütigkeit zu reden; indem du deine Hand ausstreckst zur Heilung, und daß Zeichen und Wunder geschehen durch den Namen deines heiligen Knechtes Jesus. Und als sie gebetet hatten, bewegte sich die Stätte, wo sie versammelt waren; und sie wurden alle mit dem Heiligen Geist erfüllt und redeten das Wort Gottes mit Freimütigkeit." (Apostelgeschichte 4,23-31)

Dieser uns in der Apostelgeschichte überlieferte gemeinsame Lobpreis Gottes entstand aus einem konkreten Anlaß: die beiden Apostel Petrus und Johannes waren vom Hohen Rat öffentlich verhört und von Gott in ihrem Dienst bestätigt worden. Sie redeten mit den Hohepiestern und der Volksmenge in Freimütigkeit, das heißt sie zeugten mutig von Jesus und seinem Evangelium. Sodann kamen die Apostel wieder zu den anderen Christen zurück und bezeugten das Geschehen zur Ehre des Herrn. Von diesem Zeugnis angeregt preist die Gemeinde zunächst den allmächtigen Gott und erinnert an seine Machttaten. Sie bekennen, daß Gott auch durch die Hand seiner Feinde seinen eigenen Ratschluß zum Ziel kommen läßt, verherrlichen das Wort Gottes durch die gebetsartige Besinnung aus Textstellen des Alten Testaments, die sie auf ihre Situation beziehen, und bitten darum, daß Gott die Rede der Gemeinde durch Zeichen und Wunder bestätigt. Zum Zeichen für alle Anwesenden wird, als Antwort auf das Gebet, die Stätte an der sie sich versammelt hatten erschüttert und jeder der Anwesenden mit dem Heiligen Geist erfüllt, woraufhin diese das Wort mit aller Freimütigkeit bezeugen. Rick Warren schreibt in ‚Kirche mit Vision' daß die gemeinsame Anbetung die Gläubigen stärkt. Wie wir hier sehen ist dies ein durchaus biblisches Bild für das Resultat des einmütigen Lobpreises der Glaubenden. Anbetung bewirkte in der frühen Gemeinde – und wo wir uns ernsthaft der Anbetung hingeben auch in uns – geistliche Stärke. In vielen Gemeinden wird die Anbetung heute schlechterdings völlig verkannt und man meint, man würde lediglich fromme Lieder singen. In der Tat wird Gott durch ein solches Anbetungsverständnis nicht geehrt, so daß ein solches ‚frommes Chansonsingen' auch keine bleibende Frucht bringen wird. Das Geheimnis fruchtbarer Anbetung und fruchtbaren Gebets ist der Glaube. Ohne den Glauben, daß wir in der Anbetung vor Gott treten um ihn zu preisen und ihn zu loben, berauben wir uns der wahren Dimension von Anbetung und Lobpreis. Wir werden so niemals verstehen können, warum auch die Treue zu Gott eine Form der Anbetung ist und der Verherrlichung Gottes dient. Deshalb ist es für uns wichtig diesen geistliche Erfahrung näher zu ergründen und in die Tiefe der damit verbundenen Segnungen einzutreten.

Die Anbetung Gottes ist die natürliche Reaktion des Menschen auf die Liebe Gottes. Das neutestamentliche Wort für ‚Anbetung‘ lautet ‚*proskyneo*‘. Dieses griechische Wort kann am besten mit der Wendung ‚sich niederwerfen‘, ‚fußfällig verehren‘ oder eben mit dem Wort ‚anbeten‘ übersetzt werden. Mitunter wird dieses Wort im Deutschen auch mit ‚huldigen‘ wiedergegeben, was aber der eigentlichen Wortbedeutung eher nicht gerecht wird. Das Wort ‚*proskyneo*‘ setzt sich zusammen aus der Vorsilbe ‚*pro-*‘, was ‚auf...zu‘ bedeutet und dem Wort ‚*kyon*‘, was Hund bedeutet. Wir können den Begriffsumfang von proskyneo mit ‚sich auf etwas zu bewegen wie ein Hund‘ wiedergeben. Dieses drastische Bild verdeutlicht uns, wie sehr wir Gott in der Anbetung ehren. Wir machen uns selbst zu nichts und ihn zu dem eigentlichen Mittelpunkt. Doch in der Anbetung erfahren wir, wie Gott uns durch sein Eingreifen erhebt und in die Stellung der himmlischen Heerscharen versetzt. Wir erleben, wie Gott uns mit seiner Anwesenheit erfüllt, wenn wir ihn anbeten, weil er so ist, wie er ist und weil der ist, der er ist. Die Anbetung versetzt uns in die Gemeinschaft mit Gott, zu der wir ursprünglich eigentlich erschaffen wurden. Auf der geistlichen Ebene ist die Anbetung außerdem so etwas, wie die übernatürliche Beziehungspflege unserer Beziehung zu Gott. Die Anbetung ist ein Medium, in dem ein übernatürlicher Austausch zwischen uns und Gott geschieht, wie wir ihn sonst selten erfahren. Viele Christen berichten, wie ihnen Gott während einer Zeit der Anbetung Heilung von körperlichen Gebrechen und anderen negativen Umständen geschenkt hat. Für mich persönlich ist dies ein Zeichen dafür, daß Gott auf unsere Anbetung reagiert. Er schenkt uns das, was wir dringend benötigen um im Glauben und im Leben als Menschen zu wachsen. Aber das Entscheidendste ist für mich, daß wir Gott durch unsere Anbetung die Ehre zukommen lassen, die ihm als unserem Schöpfer eigentlich gebührt. Er ist der Herr und meint es absolut gut mit uns. In Summe hat es mich selbst überrascht welch enorm großer Segen in der Tiefe unseres Glaubens verborgen liegt und wie Gott uns immer wieder weiterbringt, wenn wir für uns selbst nicht mehr weiter wissen, vor allem auch in Zeiten in denen wir ihn anbeten, seinen Namen erheben und seine unmittelbare Gegenwart erleben,

Anbetung ist mehr als eine rein liturgische Beschäftigung der christlichen

Gemeinde. Wie wir weiter oben bereits festgestellt haben, ist auch die Treue zu Gott eine Form, wenn nicht sogar eine unabdingbare Voraussetzung für die Anbetung. Einfach gesprochen, lernen wir Gott kennen, indem wir sein Wort kennen lernen. Die rein intellektuelle Beschäftigung mit dem geschriebenen Wort Gottes führt uns als solche aber noch nicht auf eine Ebene des Glaubens, in der wir konkrete Ergebnisse erwarten können. Bevor wir die Früchte des Glaubens ernten können, müssen wir dem geschriebenen Wort Gottes erst einmal aus freien Stücken zustimmen. Sodann kommen wir über die Zustimmung zum Worte Gottes in den Bereich des auf Gottes Wort basierendem Handelns. Auf dieser Ebene möchten wir unsere theologischen Erkenntnisse, den Inhalt unseres Glaubens in unserem Leben zur Anwendung bringen. Wir sind also vom Hören des Wortes Gottes, zum Glauben an Gottes Wort und vom Glauben an Gottes Wort zum Handeln nach Gottes Wort gelangt.

Erst wenn wir nach Gottes Wort Handeln, werden wir die Nähe und Gegenwart Gottes erfahren. Wir werden zudem erleben, wie der Heilige Geist uns dazu führt, daß wir ‚automatisch' Treue zu Gottes Wort erlangen, mitunter sogar ohne es zu wissen. Am Beispiel der Anbetung läßt sich dieser unbewußte Lernprozeß des Hörens auf Gottes Wort einfach darstellen. Es gibt viele Christen die durch Gottes Führung in die Dimension der Anbetung gelangt sind, ohne zu wissen, daß sie durch die Anbetung ein biblisches Gebot erfüllen!

In Psalm 150 lesen wir sehr deutlich:
„Hallelujah! Lobt Gott in seinem Heiligtum! Lobt ihn in der Feste seiner Macht! Lobt ihn wegen seiner Machttaten! Lobt ihn in seiner gewaltigen Größe! Lobt ihn mit Posaunenschall! Lobt ihn mit Harfe und Zither! Lobt ihn mit Tamburin und Reigen! Lobt ihn mit Saitenspiel und Flöte! Lobt ihn mit klingende Becken! Lobt ihn mit schallendem Becken! Alles, was Atem hat, lobe Jah! Hallelujah!"

Mit anderen Worten die Schrift selbst fordert uns dazu auf Gott zu loben. Wir dürfen unsere Kreativität, unsere musikalischen und tänzerischen Fähigkeiten dazu einsetzen, Gott zu loben und zu preisen. Das Loben Gottes in seinem Heiligtum eröffnet uns hier einen Einblick in die Fülle der Gnade im Neuen Testament. Wo Gottes Geist im Alten Testament alleine im Allerheiligsten des Tempels begegnet werden konnte, wurde der Heilige Geist im Neuen Bund auf alle Gläubigen ausgegossen und wohnt nun in unseren Herzen. In 1.Korinther 6,19 schreibt der Apostel Paulus dazu: „Oder wißt ihr nicht, daß euer Leib ein Tempel des Heiligen Geistes in euch ist, und ihr nicht euch selbst gehört?" Der Heilige Geist wohnt in uns, wenn wir wirklich an Jesus Christus glaubend geworden sind. Wir sind ein Heiligtum Gottes! Welch ein Vorrecht in der gesamten Schöpfung. Wie könnten wir anders, als Gott zu loben und seine Anwesenheit zu genießen? Wir dürfen und sollen Gott loben wegen seiner gewaltigen Macht und dem Erweis seiner Herrlichkeit im Laufe der Heilsgeschichte und in unserem Leben. Wir dürfen alle nur erdenklichen Instrumente dazu einsetzen unser Lob Gottes mit unseren Stil- und Ausdrucksmitteln darzubringen. Die ganze Schöpfung wird in der Schrift dazu aufgefordert den Herrn unseren Gott zu loben! Mit anderen Worten, indem wir Gott loben, sind wir in unserem Lob einem biblischen Gebot, wir könnten auch sagen einer biblischen Aufforderung treu.

Die Anbetung Gottes setzt also die Treue zu Gottes Wort voraus, indem sie die Treue zu Gottes Wort erfüllt.

8.)DER SICH SELBST SCHENKENDE GLAUBE

Jesus lehrte die Jünger: „Größere Liebe hat niemand als die, daß er sein Leben hingibt für seine Freunde. Ihr seid meine Freunde wenn ihr tut, was ich euch gebiete. Ich nenne euch nicht mehr Sklaven, denn der Sklave weiß nicht, was sein Herr tut; euch aber habe ich Freunde genannt, weil ich alles, was ich von meinem Vater gehört, euch kundgetan habe." (Johannes 15,13-15) Jesus selbst hat sein eigenes Leben für uns hingegeben. Die Einladung, die Gott uns gegeben hat ist die, in eine enge Beziehung mit Gott zu treten, in der wir zu Gottes Kindern und zu Freunden Gottes werden. Obwohl unsere Beziehung mit Gott durch die Sünde zerstört wurde, und wir als sündige Menschen von unserer Natur aus zu Feinden Gottes geworden sind, lädt Gott uns ein seine Freunde zu werden. Jesus möchte nicht, daß wir uns als seine Sklaven verstehen, die keine Möglichkeit haben zu erfahren was Gottes Wille ist und wie Gott seinen Willen zum Ziel bringen wird. Jesus möchte, daß wir ihn durch sein Wort kennen lernen und als Freunde Gottes Kenntnis von seinem Willen und seinen Zielen mit dem Menschen erlangen. Ob wir jemandes Freunde sind, läßt sich leicht anhand unseres Verhaltens ablesen. Wenn wir nur kommen um jemanden auszunutzen und alle Vorteile der Beziehung für uns haben wollen ohne uns selbst in diese Beziehung zu investieren, sind wir bestenfalls Heuchler. Eine solche ‚Freundschaft' steht in der Regel auf sehr wackeligen Beinen und zerbricht, sowie unser Gegenüber als die Person die er bzw. sie ist ernst genommen werden möchte. Wenn wir dies schon auf der menschlichen Ebene so verstehen können, wieviel mehr sollte uns dann daran gelegen sein unser himmlisches Gegenüber mit seinem Willen ernst zu nehmen. Wir können als Freunde Gottes eine enge Gemeinschaft mit dem Schöpfer des Himmels und der Erde haben, wenn wir uns als seine Freunde verhalten. Hierbei ist klar, daß wir zunächst einmal das Angebot der Beziehung zu Gott im Glauben annehmen und vielleicht gar nicht so recht wissen wie Gott eigentlich ist. Wir kennen ihn nur, soweit wir ihn bis zu diesem Zeitpunkt kennen gelernt haben. Doch durch den Prozeß des Glaubenswachstums lernen wir Gott immer besser kennen. Wir erleben, wie er treu zu seinen Verheißungen steht und erfahren übernatürliche Segnungen, die uns als Menschen weiterhelfen. Je besser wir Gott kennen lernen, um so mehr möchten wir auch unser Leben so führen, wie es ihm gefällt. Wir legen negative Verhaltensmuster ab und erleben wie Gott uns dazu befähigt seinen Willen zu tun.

Obwohl wir vermutlich nicht immer exakt den Willen Gottes in allen Bereichen des Lebens erfüllen werden, dürfen wir wissen, daß Gott uns nicht einfach so verwerfen wird. Im Hebräerbrief heißt es dazu: „Denn wir haben nicht einen Hohepriester, der nicht Mitleid haben könnte mit unseren Schwachheiten, sondern der in allem in gleicher Weise (wie wir) versucht worden ist, (doch) ohne Sünde. Laßt uns nun mit Freimütigkeit hinzutreten zum Thron der Gnade, damit wir Barmherzigkeit empfangen und Gnade finden zur rechtzeitigen Hilfe." (Hebräer 4,15-16). Gott weiß um unsere Schwächen und Stärken, er weiß daß wir nicht vollkommen sind und immer auf seine Gnade angewiesen sein werden. Die gute Nachricht ist: Gott liebt uns trotzdem. Er vergibt uns unsere Schuld und kennt die Regungen unseres Herzens. Obwohl wir oft nicht das Gute tun, das wir eigentlich tun wollen, sondern das Böse, das wir nicht tun wollen, hat Gott uns angenommen und unsere Schwäche auf sich genommen, damit wir in seiner Stärke leben dürfen. Wir dürfen uns in Gottes liebende Hand fallen lassen und uns ihm hingeben, so wie wir sind. Er wird uns dabei helfen ihm ähnlicher zu werden und ein Leben in der Gemeinschaft mit Gott zu führen. All dies dürfen wir durch den Glauben und unser Vertrauen zu Gott erleben und verstehen.

Diese absolute Hingabe Jesu für uns, verlangt auch von unserer Seite aus eine angemessene Reaktion. Der Apostel Johannes schreibt dazu: „Hieran haben wir die Liebe erkannt, daß er für uns sein Leben hingegeben hat; auch wir sind schuldig für die Brüder das Leben hinzugeben. Wer aber irdischen Besitz hat und sieht seinen Bruder Mangel leiden und verschließt sein Herz vor ihm, wie bleibt die Liebe Gottes in ihm? Kinder, laßt uns nicht lieben mit Worten noch mit der Zunge, sondern in Tat und Wahrheit!" (1.Johannes 3,16-18) Die Liebe Gottes zu uns wurde von Gott her ein für allemal geoffenbart durch das stellvertretende Sühneopfer Jesu am Kreuz. Nun sind auch wir dazu aufgerufen in diese Liebe einzutauchen und sie an unsere Mitmenschen weiterzugeben. Wenn wir einen anderen Menschen Mangel leiden sehen, wird die Liebe Gottes uns dazu bewegen diesem Menschen mit unseren irdischen Gütern auszuhelfen. Wichtig ist, daß wir diese Liebe des Herrn nicht für unser egoistisches Lippenbekenntnis mißbrauchen, sondern sie tatkräftig zum Ausdruck bringen und wirklich nach ihr streben. Wir sind, als Jünger Jesu, dazu aufgerufen so zu leben wie Jesus gelebt hat. Die Bibel bezeichnet dieses Maß an Hingabe als ‚Nachfolge'. Jesus selbst lehrte darüber: „Wenn jemand mir nachkommen will, verleugne er sich selbst und nehme sein Kreuz auf und folge mir nach! Denn wer sein Leben retten will, wird es verlieren; wer aber sein Leben verliert um meinetwillen, wird es finden." (Mt. 16,24b-25) Das Leben des Christen in der Nachfolge Jesu sucht nicht mehr den eigenen Vorteil. Der bekennende Christ sucht auch nicht sein eigenes Leben zu retten, sondern es um Jesu willen zu verlieren. Diesen Ausspruch Jesu können wir hier in zweifacher Hinsicht verstehen. Zum Einen geht es hier, meiner Einschätzung nach, darum das irdische Leben aufzugeben und das neue, ewige Leben als Kind Gottes zu leben. Dieser Unterschied bewirkt ja auch, welcher Art die Werke sind, die wir verüben. Wenn wir versuchen unser fleischliches Leben festzuhalten, werden wir fleischliche Werke verüben und nur auf unseren eigenen Vorteil bedacht sein. Wir werden die Sünde so hoch schätzen, daß wir nicht ohne sie leben wollen. Ein solches Leben ist, vielleicht sogar ohne dies zu beabsichtigen, von vornherein dazu verurteilt keine bleibende geistliche Frucht vorzuweisen. Gott wird seinen Geist nicht in Gefäße füllen, die inwendig voller Bosheit und Unrat sind. Das bedeutet aber nicht, daß wir wenn wir ernsthaft mit Jesus leben ein völlig sündenfreies Leben führen können. Realistisch betrachtet werden wir immer an einigen Punkten falsch liegen und uns zu sündigem Verhalten hinreißen lassen. Die Frage um die es hier eigentlich geht, ist die Frage der Motivation. Möchte ich Jesus nachfolgen oder möchte ich lieber mein eigenes Ding durchziehen? Zum Anderen stellt Jesus uns vor die Entscheidung ob wir dazu bereit sind auch persönliche Nachteile für uns in Kauf zu nehmen, um in der Nachfolge Jesu zu leben. Darum spricht er hier auch davon, daß wir unser Kreuz aufnehmen sollen. Es gibt keine Nachfolge Jesu ohne das Kreuz! Es gibt kein gemütliches ‚Christentum-light‘, daß uns die Anerkennung der Welt und des Reiches Gottes zusichert. Die Nachfolge Jesu wird von Seiten der Welt immer mit Ablehnung und Schmähung, vielleicht sogar Verfolgung, beantwortet werden. Dennoch ist der Preis um den es geht so hoch, erhaben und wertvoll, daß wir alles dafür zu geben bereit sind, wenn wir wirklich verstanden haben was es bedeutet mit Heiligem Geist erfüllt zu sein. Wir werden gar nicht mehr anders als in der Nachfolge Jesu leben wollen, selbst wenn sie uns zunächst unser Leben kosten würde. Wir werden die Segnungen der Himmelswelt schmecken, die Kraft Gottes erleben und sehen wie das Leben von Menschen von dem negativen Vorzeichen des Todes unter das positive Vorzeichen vom ewigen Leben als Kind Gottes gestellt wird. Und diese Bereitschaft, das eigene Leben zu verlieren bedenkt Jesus mit der Verheißung: „Wer sein Leben verliert um meinetwillen, der wird es finden." (vgl. Mt. 16,25) Wir sind nicht über unserem Lehrer, Christus, sondern sind dazu aufgerufen so zu werden wie unser Lehrer. Wenn die Welt Jesus geschmäht, verfolgt und ausgestoßen hat, ist die Wahrscheinlichkeit hoch, daß sie dasselbe auch mit uns tun wird. Wenn wir mit Jesus leiden und mit ihm diese Verfolgung und Schmähung ertragen, werden wir auch mit ihm auferstehen, der Herr selbst wird sich zu uns bekennen und wir werden dem Tode entgegentreten dürfen mit dem letztgültigen Siegesruf: ‚Jesus lebt!'. Was könnte für einen Christen begeisternder sein als ein Maß der Hingabe zu erreichen, daß selbst unser Leben von uns verlangen wird? Was könnte begeisternder sein, denn als echter Jünger des Herrn dem Ungewissen entgegenzusehen, alleine gestützt auf Gottes Wort, seine Zusage und unser Vertrauen zu ihm?

Ich bin mir aber auch der schmerzlichen Tatsache bewußt, daß die westliche Christenheit Tausende von Kilometern weit von einer solch ehrlichen Bezeugung des Glaubens entfernt ist. Die meisten ‚Christen' in unseren Ländern machen sich erheblich mehr Sorgen darüber wie es ihnen geht, wie sie ihre Wohnung einrichten sollen und dergleichen, als darüber wie sie den Auftrag Jesu erfüllen können. Machen wir uns nichts vor, wer nicht bereit ist für Gott zu leben und auf ihn zu vertrauen, der muß erst gar nicht um mehr Erfüllung mit Heiligem Geist beten – er wird sie nicht bekommen, solange er nicht Jesus als Herrn seines Lebens anerkennt. Das Anerkennen Jesu als Herrn bedeutet aber auch, daß wir unser Leben in der Nachfolge Jesu so gestalten wie der Herr es uns geboten hat. Christus fordert die Jünger immer noch dazu auf als erstes (!) nach dem Reich Gottes zu streben. Er weist die reichen Jünglinge unserer Tage immer noch in demselben Maße zurück, wie er es zur Zeit der Apostel und Propheten getan hat. Hier erkennen wir, ob wir wirklich entschieden genug alleine Jesus nachfolgen möchten, oder ob es uns lediglich um eine x-beliebige Wochenendreligiösität geht, für die wir gerne auch noch Gottes Segen hätten. Ob manche es glauben oder nicht, eine spießbürgerliche Lebensweise alleine macht sie noch lange nicht zum Jünger Jesu. Der Herr selbst lehrte über die Nachfolge: „Die Füchse haben Höhlen und die Vögel des Himmels Nester, aber der Sohn des Menschen hat nicht, wo er das Haupt hinlege." (Mt. 8,20) Viele wollen hingegebene Jünger Jesu werden, aber sind wir auch bereit dazu den Preis zu zahlen, den die Jüngerschaft von uns fordert? Ich bin mir bewußt, daß viele an dieser Stelle ärgerlich einwenden werden, es ginge doch nur um unsere Herzenshaltung und darum bereit zu sein Jesus so intensiv nachzufolgen, in der Annahme daß Jesus solches von uns ohnedies nicht verlangen würde. Täuschen wir uns nicht! Wenn Jesus dazu in der Lage war Schriftgelehrte und Trauernde abzuweisen, ist er auch in der

Lage uns abzuweisen, wenn wir nur unsere eigenen egoistischen Triebe befriedigen wollen. Viele verwechseln die Begriffe ‚Herzenshaltung' und ‚Theorie'. Unsere Herzenshaltung bestimmt wie wir leben, welche Risiken wir eingehen und wie wir uns generell verhalten. Die Theorie bestimmt hingegen überhaupt nichts. Sie ist einfach eine Art geistliche Weltanschauung die wir zum Besten geben wenn wir uns wichtig machen wollen. An der Art wie wir leben erkennen wir woran unser Herz wirklich hängt. Alles andere ist frommes Getue ohne ernstliche geistliche Frucht! Unsere westlichen Gemeinden sind voll von ‚Christen' die in den gleichen Dimensionen denken und leben wie die Welt. Es ist als ob sie nie verstanden hätten, daß Freundschaft mit der Welt Feindschaft gegenüber Gott bedeutet. Aber statt nach dem Reich Gottes zu streben, machen sie sich lieber wichtig indem sie kopfschüttelnd anmerken welch negative Entscheidungen nun wieder in der Politik getroffen wurden oder wie die Gesellschaft sich wieder negativ entwickelt. Woher soll die Welt denn Wissen wie ein besserer Weg zu leben als sie es tut aussehen kann, wenn nicht wir Christen es ihr zeigen? Die Reformation und andere Segnungen wären niemals geschehen wenn alle Christen Zuhause geblieben wären und fromme Sprüche geklopft hätten. Und genau wie zur Zeit der Reformatoren ist es heute wieder notwendig, daß wir unser ganzes Leben für Gott einsetzen, wenn wir der Bezeichnung Christen gerecht werden möchten.

Die gute Nachricht ist, daß Gott uns viel mehr geben möchte als er von uns zu tun erwartet. Damit möchte ich nicht sagen die Anforderungen die Jesus stellt wären nicht hart, sie sind hart und es ist schwer ein vom Geist Gottes durchdrungenes Leben zu führen. Aber wir wissen durch das Zeugnis der heiligen Schrift in welche Richtung wir gehen sollen und was das Ziel unseres Glaubens ist. Wir erfahren wie Gott uns leitet und führt. Wir erkennen geistliche Zusammenhänge und schauen den Bedrohungen des Lebens mutig ins Angesicht ohne zurückzuweichen. Wir weichen nicht zurück! Was immer von Seiten der Finsternis auf uns zukommen mag, es wird immer 2 oder 3 echte Christen in unseren Ländern geben, die bereit sind um des Zeugnisses Jesu willen ihr Leben zu lassen und allen Widrigkeiten zum Trotz den Sieg Jesu in ihrem Leben verwirklichen möchten.

Nun, am Ende unserer Überlegungen zu den Tiefendimensionen des christlichen Glaubens, möchte ich ein vorläufiges Fazit ziehen, welches uns noch einmal die Vielschichtigkeit des Glaubens vor Augen führen soll. Zum Ersten einmal haben wir gesehen, daß die drei Größen Glaube, Liebe und Hoffnung zueinander in einer wechselseitigen Beziehung stehen und aufeinander bezogen sind. Im Reich Gottes werden Glaube und Hoffnung vollendet seien, die Liebe wird dessen unbeschadet bestehen bleiben. Wir haben gesehen, daß jede wirkliche Glaubensäußerung der christlichen Kirche als Leib Christi auf Erden immer von Jesus, seinem Leben und seiner Lehre her definiert werden und nur durch die Hilfe des Heiligen Geistes verstanden werden kann. Sodann erfuhren wir, daß am Kreuz alles was zu unserer Errettung und unserer Heilung nötig war von Jesus bereits vollbracht worden ist und der Glaube das Medium ist, durch welches wir diese freien Gaben Gottes annehmen dürfen. Der Glaube befähigt Menschen zu allen Zeiten und in allen Regionen dazu über sich selbst hinauszuwachsen und in die Beziehung mit Gott zu treten. Der Herr selbst steht zu allen Verheißungen, die er den Jüngern, wie auch seinem gesamten Volk, gegeben hat und die uns in der Heiligen Schrift zuverlässig überliefert worden sind. Der Glaube im Sinne der Bibel läßt uns die Einheit der christlichen Kirche erleben, für die Jesus selbst vor dem Vater für uns eingetreten ist und in alle Ewigkeit eintreten wird. Das Feuer des Heiligen Geistes im Herzen der Glaubenden führt uns zur Treue gegenüber Gottes Wort, die Freundschaft mit Gott und zur Anbetung Gottes, die ihm als unserem Schöpfer gebührt und zusteht. Wir haben die Aufgabe das Zeugnis der Heiligen Schrift so gut wir es eben können zu verwalten und unseren Mitmenschen zu bezeugen. Wir stehen vor der großartigen Herausforderung ein Leben als hingegebene Jünger Jesu zu führen und dürfen dabei auf die Unterstützung des Heiligen Geistes vertrauen. Wir wissen uns nicht durch äußere Umstände zur Hingabe an Jesus gezwungen, sondern durch das Heilshandeln Gottes in unserem Leben eingeladen den allmächtigen Gott besser kennen zu lernen und dürfen in unserer Beziehung zu ihm wachsen. Als Christen durchlaufen wir verschiedene Altersstufen des Glaubens, in denen das Verständnis unterschiedlicher Lehren für unser gesundes Glaubensleben wesentlich ist.

Der Glaube an Jesus ist also – wie wir nun am Ende unserer Betrachtung klar erkennen – wie eine innere Kraft, die das Leben eines Menschen, der Gott begegnet ist, dauerhaft verändern wird. Durch den Glauben erfahren wir Hoffnung, Zuversicht und Liebe, wir empfangen Heilung und die Gewißheit unserer Errettung, und viele andere Gnadengaben Gottes, die uns dazu ausrüsten und befähigen sollen die frohe Botschaft von Jesus mit so vielen Menschen wie möglich zu teilen, damit auch sie diesem geistlichen Schatz teilhaftig werden können. Und wie Luther schließe ich vorläufig mit dem Wunsch: Dazu helfe uns der lebendige Gott, der auferstandene Christus und der heilige Geist, in Jesu Namen. Amen.

Verzeichnis der Bibelstellen

Hebräer 10,23
Apostelgeschichte 16,18
1.Thessalonicher 2,19
1.Korinther 13,13

1.Johannes 4,9-10
1.Johannes 4,11
Judas 12
Jakobus 4,4

Kapitel 1.2

Matthäus 28,18-20	Apostelg. 21,10-17	2.Mose 14,16
1.Korinther 12,31	Apostelg. 16,16-18	2.Mose 14,21
1.Korinther 12,8 (2x)	1.Korinther 12,9	Richter 6,14a
1.Korinther 12,10 (4x)	1.Korinther 12,10	Richter 6,16a

Lukas 16,20
1.Korinther 12,27-31a
Epheser 4,11-14
1.Timotheus 3,1-13

Titus 1,5-9

Kapitel 2

Lukas 1,1-4	Apostelg. 8,26-40	Johannes 10,11
Kolosser 4,4	1.Petrus 2,21-25	2.Petrus 2,24
Jesaja 53,5	Jesaja 53,6	2.Petrus 2,23
Johannes 4,46-54	Jesaja 53,7	1.Petrus 2,25
	Mathäus 9,35	

Kapitel 2.1

2.Könige 5,1-3	Matthäus 9,14-29	Matthäus 7,7
2.Könige 5,7b	Matthäus 9,22	Matthäus 21,22
2.Könige 5,17	Matthäus 9,23	Jakobus 5,13-16
Apostelg.2,42	Römer 14,23b	Jakobus 5,17-18

Jakobus 5,15-16
1.Johannes 1,9
Apostelgeschichte 5,14-16
Apostelgeschichte 19,11-12

Markus 16,18
    Jesaja 61,1-2
    Lukas 4,18-19
    Matthäus 11,5

Kapitel 3

Johannes 3,16
Markus 16,15b-16
Markus 16,16
Johannes 3,17-18

Römer 8,1-2
Johannes 1,29b
Römer 6,23
Lukas 23,39-42

Epheser 2,8-9

Kapitel 4

Jakobus 2,14
Jakobus 2,24
Jakobus 2,26
Matthäus 12,34-35

Matthäus 5,8

Kapitel 5

Johannes 3,3b
Johannes 3,5b-6
Johannes 1,11-13
Johannes 1,1-4

Matthäus 28,18-20
Apostelgeschichte 2,38b
Johannes 11,25b-26a
Apostelgeschichte 2,38-39

Apostelgeschichte 9,17
Apostelgeschichte 9,18-19
1.Timotheus 4,14-16
1.Timotheus 5,22

Kapitel 5.1

1.Johannes 2,12-14

Kapitel 6

Lukas 11,14
Lukas 11,15-23
Markus 5,1-20
Matthäus 24,35-36

Matthäus 28,19-20
Matthäus 28,18b
Matthäus 28,20b
Markus 16,15-20

Johannes 8,31
Markus 16,15

Kapitel 6.1

Johannes 12,36a Jakobus 4,4 1.Korinther 4,9-10
Johannes 1,4 Apostelg.4,32-37 Micha 7,19
Römer 2,11 Lukas 22,24-27 Johannes 6,37-38
Matthäus 19,24 Matthäus 28,2-6

Kapitel 6.2

Johannes 1,11-13 Matthäus 6,9-13
2.Mose 33,20b
Johannes 1,12
Römer 8,15-16

Kapitel 7

Hebräer 13,8 Johannes 8,31 Apostelg. 5,1-11
Apostelg. 1,13-14 Apostelg. 2,42 Römer 15,26
Johannes 17,20-21 1.Korinther 10,16 Matthäus 26,26-29
Apostelg. 2,42 (2x) 1.Korinther 1,9 Markus 11,24

Matthäus 18,19-20 1.Korinther 6,19
Apostelgeschichte 12,1-17
Apostelgeschichte 4,23-31
Psalm 150

Kapitel 8

Johannes 15,13-15 Matthäus 16,25
Hebräer 4,15-16 Matthäus 8,20
1.Johannes 3,16-18
Matthäus 16,24b-25

Notizen

Notizen